走出莊子的逍遙路

王邦雄

自序

莊子「遊刃有餘」的生命美學

《走在莊子逍遙的路上》，在十幾二十年前，委請商務印書館編排出版，不經意間二十年時光已從身邊流逝，時移勢易，今重讀舊作，雖然當初解讀莊子的理路架構與詮釋系統，在年壯之時早已成形，而藏在字裡行間的敘事觀點與情意抒發，卻有不同的感觸與體會，加上這麼多年來的講學工夫，也激發出些許的創意與更趨圓熟的見解，所以全書作了大幅度的修改與補充，甚至整頁刪除重寫，在求得商務的諒解之下，轉請遠流出版公司重刊發行。惟書名略為更動，二十年歲月過去了，不能老走在路上，也該走出上道了。

全書章節，由「心在形中」的存在處境，說「心執著形」的存在困局；再依本德天真的存在本質，尋求解消執著而釋放生命的可能出路；出路由修養工夫打開，而工夫在心上做，心虛靜如鏡，照現本德天真的真實美好；此照現等同生天、生地、生萬物的生成原理，就此開顯了與天地同在，與萬物同行的無待境界；並生發回歸生命本身之「無用之用」的自家大用，最後解開了生死倒懸的執迷困苦。

〈齊物論〉有云：「一受其成形，不亡以待盡，與物相刃相靡；其行盡如馳，而莫之能止，不亦悲乎！終身役役，而不見其成功；薾然疲役，而不知其所歸，可不哀耶？人謂之不死奚益；其形化，其心與之然，可不謂大哀乎？」此從「其行盡如馳，莫之能止」之人物的「忙碌不堪」說「悲」；再從「不見其成功」與「不知其所歸」之人間的「茫然不定」說「哀」；最後從「其形化，其心與之然」之人心的「盲昧不明」說「大哀」。人生就是人心引領人物而走入人間的一段行程，而身、心、靈三層次卻得面對諸多不得已與無奈何的試煉和考驗，其間生命承受的挫折和失落，與壓在心頭的悲苦和哀傷，莊子給出無限的悲憫，與真切的同情。牟宗三先生說，這一段的存在感受，非常真切，才能生發而為豐富的義理；開創由感受悟入，才能感人至深：老莊之所以成大家在此。

由老而莊，老子只說「慈」，莊子卻多說了一個「悲」字，此透露一點生命的訊息，「慈」心總藏有「悲願」在。老子說：「慈故能勇。」（六十七章），又說：「勇於不敢則活。」（七十三章）「不敢」是在位者慈心所生發出來之藉以保護天下百姓的悲願。且「不敢為天下先，故能成器長」，就因為「後其身而身先」（第七章），才能成為百官之長。這是道家「曲則全」之在放下中成全的大智慧，也是「有生於無」的生成之道。

先生直指道家的心靈，既不是認知我，也不是德性我，而在「情意我」的開顯。問題在，莊子〈德充符〉篇，一者謂「有人之形，無人之情」，二者謂「無人之情，故是非不得於身」，又在下一段落莊子與惠施的生命對話中如斯說：「吾所謂無情者，言人之不以好惡內傷其身，常因自然而不益生也。」此回應惠施「人固無情乎」的質疑，故莊子做出澄清，「無人之情」，是專就心知執著所拖帶出來的好惡之情而言，故莊子所開顯的「情意我」，是順應天地自然，而解消人為造作之「無情意的情意」，無掉世俗民情之人間現實的利害關心，而凸顯情意自身的審美品味。且「情意我」之虛以待物的觀賞雅趣，本質上已排除「認知我」的概念思考，與「德性我」的道德良知。莊子說試圖以執著造作來增益生，反而傷害了生命自身，因為悖離了道家解消心知而釋放形氣的存在之理。「不益生」是解消心知，「常因自然」是釋放形氣，解消心知是「心」在虛靜中自在，釋放形氣是「形」在氣化中自得。「心自在」是「能」觀賞的主體心靈，「形自得」是「所」觀賞的自然物象，主客在人間相遇，一如蘇東坡〈前赤壁賦〉筆下的天地之美：「惟江上之清風，與山間之明月，耳得之而為聲，目遇之而成色。」心靈中的品味美感，就在主客間碰觸出火花的當下朗現。

莊子在〈養生主〉「庖丁解牛」的主題寓言中，說庖丁之生命自我的「刀刃者無厚」，與牛體之人間天下的「彼節者有間」，而人物走在人間的人生路上，如同「以無厚入有間」之「由技進乎道」的解牛過程。從「所見無非牛」的「目視」，進為「未嘗見全牛」的「心知」，終至「官知止而神欲行」的「神遇」。此由官能、心知的作用皆止息，而以神遇牛的工夫進程，莊子有一小段現在進行式的描繪：「視為止，行為遲，動刀甚微，謋然已解，如土委地。」「視」為之而止，說的是心神的專注；「行」為之而遲，說的是心神依神感神應而行；「動刀甚微」，是說刀刃之動在若有還無之間，妙在看似動了，又好像沒動；就在不知不覺間牛體解開了，如塵埃飄落大地般的無聲無息。庖丁自抒懷抱云：「提刀而立，為之四顧，為之躊躇滿志，善刀而藏之。」說放眼天下，獨我一人挺立人間，當下有一分快意自得的美感湧現心頭。「為之躊躇滿志，善刀而藏之」，開顯的是「一切已在這裡，所以一切可以放下」的生命體悟。

綜觀整段寓言的義理轉折，關鍵在「以無厚入有間，恢恢乎其於遊刃必有餘地矣」，生命自我的刀刃無厚，透入了人間天下的牛體有間，無厚刀刃就在牛體有間中自在的揮舞，感覺上還有多餘的空間。此一「遊刃有餘」的自在空間，是刀刃自我的主體修養開發出來的餘地，而餘地給出閒情，無「德性我」的道德擔負，無「認知我」的知識壓力，也無「形軀我」的器用需求，而「情意我」的品味雅趣就有展現的餘地空間。

宋代大儒程明道在〈秋日偶成〉詩作中有一絕佳的對句：「萬物靜觀皆自得，四時佳興與人同。」此可能從老子所說的「致虛極，守靜篤，萬物並作，吾以觀復」（十六章）這一段話得來的靈感創意，把老子四句話才說得清楚的義理，濃縮成「萬物靜觀皆自得」一句來說，直截了當有如神來之筆，人間街頭一起執著造作的人潮紛擾，在吾心虛靜的觀照之下，紛紛回歸自家生命的本德天真。且引出下半句「四時佳興與人同」，是主體心靈的審美品味，與四季氣化的美景光采相遇，當下朗現的美感雅趣。此南宋詞家辛棄疾的名句：「我見青山多嫵媚，料青山見我應如是。」亦有異曲同工之妙。

明道先生另有〈春日偶成〉的詩篇：「雲淡風輕近午天，傍花隨柳過前川，時人不識余心樂，將謂偷閒學少年。」此從「雲淡風輕」的自然氣象，轉接「傍花隨柳」的人間風光，再通過「余心之樂」而「時人竟不識」的人文省思，點出生命悅樂不從少年浪漫來，而從「偷閒」的生命體悟來。問「閒情」向誰家「偷」得，答曰僅能向自家「心」上求取，生命「閒情」僅能從心靈的餘地空間取得。

再看中唐詩人李涉〈題鶴林寺壁．登山〉的詩篇：「終日昏昏醉夢間，忽聞春盡強登山，因過竹院逢僧話，偷得浮生半日閒。」從「終日昏昏醉夢間」的生活寫照，轉折在忽聞春日將盡，告訴自己或許可以登山走走，路過一座竹林寺院，偶遇出家僧說了些修行悟得的話語，當下似從醉夢中醒覺，滿心歡喜無意間為自己爭取了半日「閒情」的美好時光。

就當前新冠病毒依然猖狂流竄之際，正好忙裡偷閒，給出了「閒情」的餘地空間。大家儘可能不出門，即使出門也一定戴上口罩，大大減少了人我互動的紛擾，與口舌爭鋒的是非。小兒女可以在家視訊聽課上學，父母親也可以遠距開會上班，在家陪伴兒女的時間增長了，拉近了兩代間的疏離感。夫妻間也因更多的相處，更深入的了解，少了猜疑與責難，多了諒解與包容，這是一家人共修的好時光。疫情迫使全球人類改變了生活形態，從街頭流落回歸家居日常，不說治國平天下的大話，而多講修身齊家的禮數。人生的翻轉之道，要從儒家有心、有知、有為之理想抱負的擔當氣魄，走向道家無心、無知、無為之守柔居弱的化解智慧。無利害關心，無概念思考，無道德責求，「無」給出了餘地，給出了空間，也給出了閒情，回歸「即物以遊心，託不得已以養中」之即形體之有限，而遊於心靈之無限；就在不得已的人間複雜中，涵養吾心之沖虛（「中」當「沖」解）。多一點心神自在，少一點物欲爭逐，心靈歸於虛靜，心知不執著形氣，在「無」了自己的同時，「有」出了被心知禁閉的形氣，在虛靜觀照之下，給出了多餘的空間，而釋放的形氣也散發出氣化中的光采，所謂審美品味的美情雅趣，就在氣化世界多餘的光采中朗現。

完成了這本大幅修改重整的新書工程，費時半年之久，理論架構依舊，增補了近二十年間體悟有得的內涵，與融會貫通的見解。沒有「提刀而立」的豪情，放下了手中的筆，只是鬆了一口氣；也沒有「為之四顧」的氣勢，而是翻看全面修補的厚重稿本，好像也為自己爭取了生命中一點多餘的光采；更沒有「為之躊躇滿志」之一切已在這裡的成就感，總算盡了一分學人對自家著作該負起的責任。莊子以「善刀而藏之」終結，善在無心，放下自我，將一切美好還諸天地，「藏天下於天下」的生命理念，就在「不藏」。一切已在這裡，所以一切可以放下。或許自家也該收筆，在藏拙中休養生息，尋求另一多餘的可能空間。

走出莊子的逍遙路

目錄

一在何以莊子的代表作，竟不是內篇之〈逍遙遊〉、〈齊物論〉、〈養生主〉，反而是蘇東坡、王船山評斷為低劣淺薄之外、雜篇的篇章；二在莊子的思想，真的是「詆訿孔子之徒，以明老子之術」嗎？二者之間相互牽連，引據篇章出問題，當然會做出錯誤的論斷。或許我們可以合理的懷疑，太史公可能沒有讀過內篇的上乘之作；否則，依內篇〈人間世〉之「心齋」與〈大宗師〉之「坐忘」的兩大修養工夫而言，莊子均經由孔子與顏回之師生對話來詮表，此雖屬寓言，而非史實，至少反映了莊子對儒門師生的尊重，才會把自家最重要的修養工夫，通過「樂在其中」的孔子與「不改其樂」的顏回來表述。甚至說孔子「天刑之，安可解」（〈德充符〉）與「丘也，天之戮民也」（〈大宗師〉），均給出極大的同情與極高的評價，怎麼會是詆訿孔子之徒？而「以明老子之術」的判定，更是錯得離譜，太史公會將老莊申韓同列一傳，就在源自老子道體沖虛的術用而言，梁任公因而論定是最得真相之見。實則，此與兩漢大一統的政治情勢，直接相關，由先秦之根源問題，轉向兩漢之完成問題。完成有待落實，落在民間是「教」，落在官府則是「術」，儒道兩家均往「教」跟「術」走，黃老治術，也獨尊儒術，且經學之教，雜入災異讖緯，而道教轉向形軀修鍊，尋求長生不老之方。兩大家的思想已扭曲變質，是以司馬談〈論六家要旨〉，說道家「其術以虛無為本，以因循為用」，且謂「虛者道之常也，因者君之綱也」；而班固《漢書．藝文志》也說：「道家者流，蓋出於史官，歷記成敗存亡禍福古今之道，然後知秉要執本，清虛以自守，卑弱以自持，此君人南面之術也。」由是而言，司馬遷對老學道家的理解，既承自家學的淵源，又雜有時代的色彩，老子的虛弱，已落實在君人南面之術，說莊子「以明老子之術」，可能由此而來。

《莊子》全書三十三篇，內七篇、外十五篇、雜十一篇，內外雜篇的區分，由郭象判定，已涵有價值分判的意義，解讀經典，要有本末先後，內篇是本，外、雜篇是末，本要精讀，末則泛覽略讀即可。且要以內篇的義理來評量外、雜篇的論道之言是否精到真切，而不能以外、雜篇的論點來詮釋內篇。此涉及郭象憑什麼做出分判的問題，憑他是注莊的大家，憑他身處比老莊更老莊的年代，他體會一定真切，且解悟甚深。再問，內外雜分判的界線在哪裡？此王船山、唐君毅的觀點，是依內涵與形式來看，外篇形式一貫，內涵卻一語道破，了無餘意；雜篇內涵時見精采，而形式卻段落間各自獨立，前後不相連屬；內篇則義理精到深刻，又一氣呵成，全篇統貫。簡易直接的說法，內篇是莊學之內，外篇是莊學之外，雜篇是莊學之雜，是以只有內篇可以代表莊子本身的思想，外、雜篇是莊子後學的作品。

再深進一層說，內篇是道在生命之內，外篇是道在生命之外，意謂道體被推出生命主體之外，成了超絕客觀的存在，雜篇亦體會真切，卻雜陳偶現。唯一的例外在

〈天下篇〉，此篇在氣勢格局上，比諸內篇之〈齊物論〉、〈大宗師〉均毫不遜色，以古之道術之全體大用的理論體系，架構出神聖明王的價值座標，來評量道術將為天下裂之諸子百家的思想，其理論體系與內篇大有不同，不是《莊子》的後序，而是獨立在莊學之外，自成一家言。

莊子最根本的學術性格，就是把老子的道，經由修養工夫，完全內化在我們的生命流行中。老子的道，還擺出「道生一，一生二，二生三，三生萬物」之客觀實有的形態，莊子的道已消融在我們的生命人格中。萬竅怒呺，而問怒者其誰?!請問發動者是誰，既是歎號，又是問號，歎號是道的「有」，問號是道的「無」，道又有又無，道體自我解消，而給出了萬物「咸其自取」的自在空間。故成了郭象所謂「自爾獨化」之境界形態的形上學，此一境界的開顯完全由主體修養來保證。

老子的思想，開出心知與生命兩路，心知的「明」由道的「無」來，生命的「德」由道的「有」來，老子以明照德，故云：「有生於無。」荀子傳承心知之「明」的那一路，莊子則傳承生命之「德」的那一路。荀子心知從生命中獨立出來，「明」不照「德」，專顯「心」的認知作用，「性」欠缺光照滋潤，故說「人之性惡」；莊子心知融入生命中，不顯「明」的光采，而獨顯「德」的自在，朗現了至人、神人、聖人、真人的生命人格。荀子心知一路，下開申韓黃老的治術；莊子生命一路，下開告子慎到與魏晉名士的生命。申韓黃老有明而無德，告子慎到與魏晉名士，卻以明為德。此從老子的「以無照有」，一轉而為莊子的「以無入有」，再沉墮而為魏晉名士的「以無為有」了。而這樣的「有」，已掉落虛無主義的深淵了。老莊「道隱無名」，到了魏晉名士卻名滿天下，道家已自我異化，而以悲劇收場。若以〈德充符〉的「形莫若就，而就不欲入」，與「心莫若和，而和不欲出」的修養工夫而言，魏晉名士已形就而入的放浪形骸，又心和而出的名滿天下，悖離了老莊的生命理念，名士生命不免成了天地的逸氣與人間的棄才，解讀《莊子》，此為借鏡。

第一章

生有涯而知無涯的處境與困局

「以有涯隨無涯」的人生行程，〈齊物論〉有云：「其行盡如馳，而莫之能止。」說的是人生在世沒有人停得下爭逐名利奔競權勢的腳步，「行盡如馳」的人生行程，也就是今天所謂的流落天涯了。心知無涯牽引每一個人在人海漂泊中花果飄零，無異是自我放逐。因為「行盡如馳，莫之能止」，意謂天涯此去，莫知何處歸程。就像一葉扁舟在茫茫大海中，獨自航行，當真是「前不見古人，後不見來者」，在仰望天地悠悠之際，也不免「獨愴然而涕下」了。

道家思想直對生命存在的感受發言，很真切也很深刻，所以我們就從生命存在的處境與困局，來開啟莊子生命智慧的大門。

此生有限，而心知想要的太多

人為萬物之靈，活在一個普遍的生命格局中，也投身共同的存在處境。當一個生命來到人間，他要面對兩大問題：

第一個問題是「吾生也有涯」：這個吾雖是第一人稱，但事實上泛指普天之下的每一個人；而且不光是普天之下，也是千古下來每一個人的共同命運。「吾生」指的是我的人生行程，「有涯」是有涯岸，有它的限界；那就是說每一個人來到人間，第一個面對的問題就是人生百年，又說是百年大限。

第二個問題是「而知也無涯」：這就比較不好說了，一定要對道家哲學有深切的瞭解，才能知道這個「知」是什麼意思。對道家來說：「知」就是心知，心知是指心有知的作用，而「知」的本質是執著。它跟今天講的客觀意義的知識學問是完全不同的性質。就好像老子所說的「為學日益」，那個「學」不是專講客觀的學問，反而貼近「天下皆知美之為美，皆知善之為善」的那個「知」，是心裡執著了美善的價值標準。「知也無涯」的知也是這個意思。按照字面來說就是你心裡面的想望，或說是你想要抓住擁有的。「無涯」就是無邊無際。

兩句貫串起來講：此生有限，而想要的太多。不過想要的不一定是正面的意思，對道家而言，是說你的執著太多。這樣就會產生很大的衝突；因為這一生頂多只有一百年，但你卻什麼都想要，就產生底下「以有涯隨無涯」的問題——以有限的百年之身，去追逐天下無窮的想望。那結局是可想而知的「殆已」；「殆已」就是說這樣的想望注定是落空的。

宣穎的《南華經解》也用兩句話來解「吾生也有涯，而知也無涯」。（宣穎對莊子經文的結構有相當深入的分析，在結構性的整體觀照下，要怎樣解讀莊子，並抉發隱藏在語文脈絡中的精義，很有他的獨到之見。）他說「吾生有涯」是「年命在身有盡」；人生百年，這是一種命限；我們這個人物的人生行程，大概在百年之中完成，所以說年命在身是有窮盡的時候。再說「知也無涯」是「心思逐物無邊」，你的心知會去追逐物，逐物無邊指的是打天下；說的不是自然物，而是人文物；譬如說名利、權勢，人會追逐光環，標榜才學；這就是「心思逐物無邊」。年命有盡而逐物無邊，這就道出了生命存在的龐大壓力，因為年命在身是有盡的，但是你的心思卻逐物無邊。你心裡面想要的太多，也就是你心知執著太多；所以這是人生的兩大問題。

人物有限，而人間複雜

民間世俗老說命運，人的「命」是有限的，而「運」卻落在一個無窮無盡的變化中，這就是「以有涯隨無涯」的人生行程。這個隨是追隨、追逐，或說爭逐奔競。此生有限，想要太多，這是最簡單的說法。所以我說「吾生有涯」是自我的有限性，「知也無涯」是天下的複雜性——這一生是有限的，而天下是複雜的。也就是說人物是有限的，而人間是複雜的。

所以什麼叫人生？就是人物走在人間。心落在物裡面，這是第一個陷落，因為心本來是無限的，卻落在某一個形體裡面，而被這個形體束縛住，所以「心在物中」就是「吾生也有涯」。本來從心來說，應該是無涯的，此心應該是無限寬廣；但此心落在一個有封限的物裡面，這是第一度的沉落。「有涯」是從物來說的，人物的物——這個形軀，包括我們的才氣都是有限的，生命力燃燒完了就沒了。所以一定要靠心靈的調養，心靈的滋潤，心靈的源頭活水；不然光這個物就只那麼多。人的生命力是一個機栝，你把發條扭緊了，它就開始跳動，開始發散，到最後停下來。〈齊物論〉說：「一受其成形，不亡以待盡。」機栝就是機關。就是說當我們的心落在一個形體中，你立刻面對一個存在處境，一個亙古以來每一個人都相同的命運，「不亡以待盡」，說的是就算一時不亡，也總在等待終了的一天。形體就像那個機栝發條，扭緊的時候，它有很大的張力，一放手，它就會跳舞、會唱歌，等到整個發條鬆散無力的時候它停了。〈齊物論〉的描述說是「其發若機栝」，就是「吾生也有涯」的寫照。

所以我想那一個「吾」指涉的是每一個人的「心」，而「心」的存在處境一定會落在某一個「物」中，而物是有限的。所謂「成形」，是人物在天地造化中，或說是陰陽氣化中，以某一個形體出現，心靈就落在這個形體上，跟物的有限性同在。儘管你的心無限寬廣，但是你已經落在這個有限的形軀裡面了，這是亙古以來沒有人可以突破的困境。這個存在處境是被困住的，困在這個形軀裡面，所以各大教都想擺脫這個形軀；也因為你被困住，所以嚮往一個純粹心靈的自由。

「一受其成形」的存在處境就在「吾生有涯」，莊子說的這一句話，是千古下來每一個人的命運。而「不亡以待盡」，這句話是很酷的，讓我們直接面對存在的困苦跟難關。（道家有時候很酷的，因為他用明鏡般的心觀照，儒家多用心去體貼，所以比較溫暖貼心，會給出一分親切感的撫慰，而道家鏡照比較清冷，直接返照回來。）「一受其成形」，成形等同命定。我們的命就定在我這個人的身體上，這是天生的命定。人物的命就定在「成形」的形軀上。這個形軀的長相與才氣，就決定了我們一生的「命」。

「生有涯」是「命」，「知無涯」是「緣」

命是一定要運的，命往何處運？這是第二度的劫難。命往複雜的人間世界運。所以「知也無涯」不是正面的意義，無涯指涉的是心知落在人間的複雜，與世事的變遷之中，也隨之搖擺不定。「運」在佛門說是「緣」，也就是「緣會不定」的意思。人間的緣因為複雜多變，所以流落不定；而天生的命卻是命中注定，在你生下來那天已經決定了。所以「吾生有涯」原本指謂的是所有的人共同的命運，是普遍的；但是每一個人天生的命卻不一樣，這又是另一個更大的難題了。原來命是不平等的，聰明才智不一樣，生命氣魄不一樣，長相不一樣，身高體重不一樣，你參與人間的競爭條件是不一樣的。因為你不想定的「命」已經定了；而你想定的「緣」卻偏偏不定。我的觀點是「命」往「緣」中運，往人際關係裡頭運；而人際關係卻這麼複雜，你會因錯過而失落，人間事很難無怨無悔，話說從頭都是有憾有痛的。問題在，時光不能倒流，人生也不能重來，總說就在緣會不定中定了。

「知也無涯」，從另一個角度看起來，人生好像有無限的可能，實則每一當下所面對的抉擇是無比的艱難。今天的人都以為機會來了就好，但是機緣在那裡，千萬人也在那裡，大家都想要問鼎逐鹿，天底下有哪一個人敢說他會打得了天下呢？表面上看起來似乎機會多的是，實則徒增不知未來會如何變化的迷惘，存在迷失、而心頭亂紛紛。人生就是人物走在人間，人物已經是有限了，人間又那麼複雜，這是雙重的艱難所帶來的生命的不定感。

我們在帶兒女、學生走向成長路的時候，要穿越這兩大關卡，真的是困難重重，不要說是帶兒女、學生，就算心智比較成熟的自己，也一樣面對兩大難題；你這一生擁有的年歲如此有限，但是你又無可避免要投入一個複雜的人間世界，你的才氣要如何在每一當下做出抉擇，突圍而出呢？

從命來說「生也有涯」，你不想定的已經定了；從緣來說「知也無涯」，你想定的偏不定；命定與緣起確是人生的兩大難題。

知也無涯在「不知其所歸」

何謂「殆已」？〈齊物論〉說：「終身役役，而不見其成功。」「終身役役」是為役所役，你不是自己的主人，你被捲入整個緣會不定的人間街頭，就像流行時髦新潮一樣，大家一起追逐潮流。終其身而為役所役，人生漫漫長途，在權勢名利中打轉，那真是困苦無奈。但假定有一個理想在，那我們也都認了；問題在「不見其成功」，這就是「殆已」。「殆已」是生成的相反，那就是走向毀壞的終局。

「一受其成形，不亡以待盡」，一語道盡了「吾生有涯」的存在處境；而「終身役役，而不見其成功」，如同「以有涯隨無涯，殆已」之無言的結局。「有涯」此生，被困在「其發若機栝」的無奈中，生命力散掉以後就沒了，除非你有源頭活水來。此所以「養生」之「主」在養「生主」的心，不養心的無限，形軀不僅有限，且是乾枯的，生命欠缺光采與潤澤。命不僅有限，且天生命定，所謂命限，就因為它受到限定。也不是誰來定，而是自己的形軀就注定了你一生的命；有人說冥冥之中自有主宰，那是沒有的。你可以讀哪一門學術的書，也可以跑在哪一條專業的跑道，是由天生的才氣決定的；你會跟哪些人做朋友，「共學適道」也是一定的。那請問由誰來定？自己的才氣之命來定！命定也命限，與生俱來就受到限定。而這個命從哪邊來？從你的形體來。這個形體是氣，所以我們又說是「氣命」——氣質的命。每一個人氣質都不大一樣，連兄弟姐妹都不一樣，所以說一個人一個命。有時候我看看哥哥弟弟，三兄弟就是不一樣，我想爸爸媽媽也不想讓三個兄弟不一樣。所以我們的命感很強，我們不認為有一個冥冥中的主宰，我們並不那麼相信有一個主宰福報的天，所以我們的算命傳統幾乎等同宗教的意義。當大家祈求神明保佑，上帝降臨，或者是佛陀慈悲的時候，中國人很認命，還不是命嗎？就在每一個身上的命中注定啊！這是天生的才氣使然，所以說是氣命。

年少比才氣，中年比機遇，老年比境界

而這個「心」我們說它是「天命」；不要解錯了，所謂的天命是大家都一樣的叫天命。原本生命無限寬廣——心靈無限寬廣，但是大家也都落在某一個有限的形體中，此後就離不開這個形體，這就是你的命了。所以每一個人人生旅程的有限性，是共同的命。除了共同的命之外，還有人人不同的才氣之命。

「吾生有涯」的另一個意思就是我只是我，我不可能是別人。這也是無邊的遺憾，天下那麼多精采的人，但是你只是其中一個，所以命定要到人間街頭找朋友，分享他們的美好。所以命一定要運，不然你孤獨過一生。命往哪邊運？往人際關係運。你不跟人家做朋友嗎？不跟天下的英雄豪傑結交嗎？問題是，他是你的朋友，也是競爭的對手；人世間還是有排名的；好也在這裡，不好也在這裡。「知也無涯」，你想要的太多；而比是比不完的，因為你想要的，別人也想要。考試考不完，業績是比不完的；年少時比才氣，中年比機遇，晚年比境界，比到何年何月呢？少年比才氣，所以少年要講命，哪一個人命比較好；中年人比機遇，就要講緣，看哪一個人緣比較

好；老年比修行，看誰境界比較高。問題是都在比啊，開同學會都沒有同學了，比兒女啊，比先生啊，比太太啊，哪裡有同學？昔日的同學都不見了，還叫同學會？看看每一個天涯淪落人來參加同學會，真是感慨莫名啊！每一個都不是以前的他了，人到中年，光采亮麗不再，且言語無味、面目可憎；這是名利圈權力場打滾幾十年的必然結局，把自己的真生命都賠進去了。

老子說：「甚愛必大費，多藏必厚亡。」甚愛名必大費身，多藏貨必厚亡身，追逐名利奔競權勢的身外物，讓兒時天真少年浪漫與青年理想，都一去不復返了。又有誰不在歲月中老去，「同是天涯淪落人」，僅能感傷的回應一句「相逢何必曾相識」。

乘願而來，也應劫而生

無限的變成有限，顛倒啊，這個佛教叫顛倒見。此生應該是無限的，生命如此美好，不是應該無限的嗎？怎麼我們會活得如此困苦呢？人間名利權勢不應該那麼重要，身外物嘛；但是你怎麼流落在這樣的無窮無盡的追逐中呢？使本來無限的生命轉成有限，而本來有限的心知，反而往無限擴張的名利場權力圈衝過去！這是人生的大顛倒。心知執著物，無限的心就此流落在有限物欲的爭逐之中。

我們借用佛門的說法：「乘願而來」——因為我們的心總有心願在，而心願未了，就落在某一個物裡面，轉世投胎而來。到了紅塵滾滾的這邊呢？卻是「應劫而生」——劫難就等在這個地方。因為人比人氣死人，你不想定的已經定了，你想定的它偏不定。「不見其成功」且「不知其所歸」就是「殆已」！不管你多麼苦多麼累，都「其行盡如馳，莫之能止」，這不是完全落空了嗎？所以人生在世通過〈齊物論〉來說，有兩大問題，一在「一受其成形」的「命定」，二在「其形化」的人生不同階段中所激發之心靈無限的價值自覺，你不是光成形喔，你還會形化，成形就是我只是我，我不可能是別人。此生已經定在那裡，遺傳因子已經在那裡，長相、身材、性向、才情已經定了，說是成形，也就是「吾生也有涯」。

「形化」是從少年的十五二十時，歷經「三十而立，四十而不惑」，以至「知天命」的五十歲，這一生命成長的歷程變化太大了。原來在歲月之流裡，人的本身是會變化的，不是說我成形，就已經定在那裡；定在那裡叫命中注定，因為你已經定了，你就是這個人，就是這樣的長相，就是這樣的才氣。你不僅定在那裡，而且還會形化，只有在童少的成長歲月是美好的。在嬰兒幼稚期與童年之間的天真，自然流露，讓人覺得可愛；到十五二十時是大家一起青春亮麗，底下的形化就看自家的造化了。

所以孔子一生講的都不是形化的問題，他講的都是生命成長中心靈飛越的問題：「吾十有五而志於學，三十而立，四十而不惑」，都在講心靈的成長。他沒有講體能的下降，講身材的變化，那就越來越差；三十四十五十，每十年就大有不同，那是「髮蒼蒼，視茫茫，而齒牙動搖」的走下坡路，只有精神心靈才有「五十而知天命，六十而耳順，七十而從心所欲不踰矩」之心靈成長而開顯生命境界的空間。

在形化中成長，青春一去不回，引來「其心與之然」。問題在你的心怎麼會「與之然」——形體在長成，而心在感傷，為的是年華不再了，這或許是成長的代價！而「其心與之然」就大可不必，那是你的心知跟著形體一起化，心也在搖擺，也在起落。現代人不是跟著股票在起落嗎？不是跟著匯率在搖擺嗎？人生也就隨著心知的執著定常而起落無常、搖擺不定了。所以我們可以「乘願而來」，卻不可墮入「應劫而生」的劫難。因為「知也無涯」，是你想要的，別人也想要，比是比不完的。所以莊子會說：「其行盡如馳，莫之能止。」沒有人停得下前進的腳步。

年命有盡逍遙遊

人生面對雙重難關，卻不免兩頭落空，生命存在可以無限，卻因心知執著而成了有限，人間世界不論親情友誼，可以和諧美好，卻因人為造作而轉趨複雜與紛擾，這是莫須有的劫難。所以人要有存在感啊，要有反省的智慧，更要有尋找出路的覺悟。讀莊子書跟生命要有直面交會，讓經典讀我，所謂「六經皆我注腳」。這句話只有幾個人說得出來，陸象山就這樣說。陸象山是牟宗三教授所說的中國三大男人之一，一個是孟子，說「人皆可為堯舜」；一個是陸象山，說「吾心即宇宙，宇宙即吾心」；一個是六祖惠能，說「不立文字，直指本心」。那孔子算什麼呢？他是聖人！不然你怎麼給出孔子一個分位呢？這是哲人的智慧，你要先知道你是誰，你在哪裡，你才知道人生的路要怎麼走。

在「年命在身有盡，心思逐物無邊」的人生處境與困局中，你要怎麼走出你的人生路呢？此身有限，你能怎麼樣呢？答案就在第一篇〈逍遙遊〉，莊子擔心我們先讀第三篇〈養生主〉的「以有涯隨無涯，殆已」會對人生太悲觀，甚至絕望，所以把〈逍遙遊〉寫在第一篇。這實在很有意思，他先讓我們逍遙遊，然後才告訴你，算你幸運，雖吾生有涯，此身有限，每一當下你能逍遙遊。那人生路呢？即有限而活出無限，就是逍遙遊。人生可以擺脫這個形軀的有限性，而往一個無限的精神空間升越，像大鵬鳥一樣，飛上九萬里的高空任我遨遊。

心思無邊齊物論

下一個難題在「知也無涯」的「心思逐物無邊」，就在「其形化，其心與之然」間心頭亂紛紛，不是人比人，氣死人嗎？你想要的別人也想要，連宗教信仰都會形成彼此間對抗的態勢，這不就是「應劫而生」嗎？莊子的智慧在，只要平齊物論，各大教教義各自完足，各大教教徒各信各的，教義平等，信徒也平等，就可以解消永不退讓、也無可退讓的紛擾。所以第二篇就是〈齊物論〉。〈逍遙遊〉打開「生也有涯」的困局，〈齊物論〉解消「知也無涯」的紛擾；哲學家不能光告訴人家困境在哪裡，然後不給出答案，那還叫哲學家嗎？那叫苦難家，苦難家不可能千古相傳的，理由在面對苦難我們只有逃離一途。但是你感受到苦，生命才會轉趨深刻，不然你只是愚昧式的天真；你在困苦中走出來，才顯現那種生命的尊嚴與榮耀。我想藝術、文學、哲學都是這樣，都是在深沉的苦痛中超拔出來。人生的美好沒有廉價的，不可能等奇蹟靈驗，不可能靠神通法力，或空等天上掉下來，一定是一步一腳印，通過我們的涵養修行，通過我們的智慧覺悟，一步一步從艱苦中走出來。

莊子把〈逍遙遊〉和〈齊物論〉寫在〈養生主〉的前頭是有道理的，因為這兩篇解決這兩大困局與難關。「生也有涯」怎麼辦？逍遙遊啊！解消人物的有限性就不會困在此生有涯之中了。此身是有限，但是精神的天空是無限寬廣啊！你心靈可以遨遊在天地之間，誰讓你老困守在有限的形軀中受苦受難！「知也無涯」，心知想要的太多，而天下是如此複雜，爭逐名利奔競權勢，沒完沒了，我們可以把複雜的讓它簡單化，那就要平齊物論。你有你的物論，我有我的物論；你有你的世界觀，我有我的世界觀；你有你的價值感，我有我的價值感；你追尋你想要的，我實現我想得的；各了各的，你了你的，我了我的。這就是齊物論之下的整體和諧。你信你的主，我信我的佛；你修你的行，我修我的德。何苦大家擠在人間街頭，互相批判，而不懂得相互尊重、彼此欣賞呢？

人生的弔詭在，此生有限，所以一定要到人間街頭跟天下人做朋友，才能擁有彼此的美好，而豐富了各自的生命。問題是好在那裡，不好也在那裡，你想要的別人也想要，所以說是「莫之能止」——誰敢停下你前進的腳步？停下來你就輸了。你敢休假嗎？現在是規定休假，不然是沒有人要休的。為什麼大家不休假？因為你不敢停啊，你一停你就落後了。現代人參加晚會、宴會，最好不要先走，不然的話立刻成為話題人物。因為他們之間沒有共同的話題，難得有一個人走了，那個人就變成了大伙兒消遣的對象。所以沒有人敢先走，要走就大家一起走，全部走光了，就沒有人在那邊講閒話。真的如此無聊嗎？等著說人家是非嗎？只要平齊物論，各有各的好，各自回歸自家的好，不必等待別人的不好，來顯出自己貧乏的好。有時候我們不敢面對自己，只好說別人；就好像你自己很清楚自己的命怎麼樣，卻偏偏要找別人算；就像自己是醫生，卻不敢給自家父母開刀，而要找同事來主刀一般。

「成形」有是非之分，「形化」有死生之別

〈齊物論〉實在很精采，你通過「吾生有涯，而知也無涯」這兩句話來看人的存在處境；我們的心總落在一個有限的形體中；然後你又穿越複雜的人間世界，要面對「以有涯隨無涯，殆已」的困局。所以「吾生有涯」是「一受其成形，不亡以待盡」，「知也無涯」是「其形化，其心與之然」。實則「成形」也會引發「其心與之然」的效應。因你的心會執著你的成形，成形本來是「彼是」相對的不同，問題在你會「知美之為美」，「知善之為善」，會把美善的標準定在自己的膚色、種族、信仰與階級之上。你用自己的膚色、自己的種族、自己的信仰、自己的階級作為美善的標準，心知執著已成形的我，把美善的標準執定在自家身上，再去責求天下人要合乎我的價值標準，就形成了人我之間的是是非非。通過我這個形體來做標準，跟我一樣的是「是」，跟我不一樣的是「非」，此即心知執著「彼是」所拖帶出來的無窮是非。

「形化」，「化」是人物走在少中老之不同階段的變化，甚至面對的是終將老死的結局，在形體變化中其心也會跟著變化，因為最終等待我們的是人生最重大的難關，就是生死大關。這不是誰是誰非的問題，也不是誰比較優越，誰比較風光的問題；因為到最後是大家一起輸給時間——假定死算是輸掉的話。人生路上不管在少中老的不同階段，都在比成敗得失，沒想到最後比的是時間，看誰活得久？所以金庸小說人物的老頑童周伯通說：「也不用報仇啦，你活得比他長久就好了。」不過有沒有可能活得比較長的人，反而比較苦呢？所以相愛的人最大的體貼就是讓對方先走，因為留下來的還要孤獨的活下去。人生到最後是比時間，這是人世間的悲情；是非是一時的，可以平反；而生死永隔，不可能重來。人物的「成形」與「形化」在「其心與之然」的心知執著之下，就要面對人世間兩大難題；「成形」引生「是非」，「形化」逼出「死生」。「死生」是自身的問題，而「是非」是人我之間的問題；是非是一時的，還可以有平反的可能，而生死大關則是永無平反的空間。

「隨」是漂泊，永遠定不住，也停不下來

最後，「已而為知者，殆而已矣。」我還是引〈齊物論〉來解說。原本你已經知道「以有涯隨無涯」是「殆已」了，既然如此，你就應該大徹大悟，你就應該回頭是岸。結果不是，你還是堅持「為知」，「為知」是心知執著的路，是「心思逐物無邊」的路，這叫執迷不悟，永不回頭。所以「殆而已矣」就是〈齊物論〉講的「終身役役，而不見其成功」，與「薾然疲役，而不知其所歸」。「終身役役」，還可以全力以赴，「不見其成功」，看來卻是徒勞無功，「薾然」正是身心俱疲的疲累貌。不知要奔向何方，也不知歸程何處。倘若功成名就還有一點光采，還有一點補償，忙累還值得。不知歸程何處，那就茫茫天涯路，永無盡頭了。

「無涯」就是沒有盡頭，像今天廠商的廣告，他的產品，一兩個月就推陳出新，你以為現在搶到最新的產品，結果一兩個月以後立刻落後。像電腦電子產品就是這樣子，青少年愛新奇，假定父母親說一定要給他最好的，那就問題大條了，他的電腦一兩個月就要淘汰一回。這是「以有涯隨無涯」的那個「隨」，「心思逐物無邊」的那個「逐」，要知道你的物慾是在滾動中的，先前曾在電視看到尼泊爾的雪崩鏡頭，剛好有兩個人爬到半山上，另外一個朋友在山腳下幫他們拍照，哇，整座雪山崩落下來，還好三個人命大，都倖免於難，最後三個人天大幸運擁抱在一起。那種追逐就像滾雪球一樣，越滾越大，甚至像雪崩一樣，整個崩頹覆蓋下來，完全不給逃離的空間，「以有涯隨無涯」就是「莫之能止」，沒有人停得下來，「隨無涯」是定不住，因為「緣會不定」，產品不斷的推陳出新，日新月異；然後人又偏好標新立異，有的人覺得標新立異還不夠，要驚世駭俗，語不驚人死不休；因此天下有多少人到最後，人生都失落了家常日常的真實美好。

其實人生簡單就好，純真就好，但偏不是，這叫「以有涯隨無涯」。「已」是如此，已經知道那條路走不通了，「而為知者」卻還要堅持走下去，結果「殆而已矣」。前頭「殆已」說是人生路走不下去了，後頭再說「殆而已矣」，無異宣告那是死路一條了，結局是絕望的，「不知其所歸」，根本不知人生路到底何處是歸程！

「殆已」不是不可能，而是不值得

不過「以有涯隨無涯」，不一定要給出「殆已」的論斷，我這一代也許成不了，那就讓下一代接續完成，儒家就是持這樣的態度。愚公也是可以移山的，因為只要有子孫可以傳承，總是會把這座山移走的。愚公移山只是在講世代相傳，假定它是對的，我們是可以一代傳一代來完成它。而且假定它是一種價值所在，對儒家來說，只要是對，我就應該去做，這是「知其不可而為之」的處世態度。那莊子怎麼可以「知其不可就不為」呢？

所以莊子的「以有涯隨無涯，殆已」，不止是不可能，根本是不值得，何以故？因為「心思逐物無邊」。那是心知的執著加上人為的造作，不再是天生自然的本德天真。你先放火再救火，那真的是「野火燒不盡，春風吹又生」了。人的那種執著的心、分別的心、比較的心、得失的心，發展而為痴迷的心、狂野的心，到最後則變質而為冷酷的心，那是綰結在一起的。所以這裡是因為它不值得，而不是不可能，不要把這一段話譯解成不可能——以有限的百年人生，去追逐無限的心知想望，它是命定「不可能」完成的。假定它值得呢？你就得面對儒家積極之應世態度的挑戰了。所以莊子所講的不是事實的不可能，而是價值的不值得。因為心知的執著與人為的造作，你看他講「不見其成功」、「不知其所歸」，因為這在價值上是流落的，是定不住的。所以一定要解悟人生問題的本質不是可不可能，而在值不值得。

天下兩大難關：自我的「命」與天下的「義」

「吾生也有涯」，此生被「年命在身有盡」困住，而「知也無涯」，是「心思逐物無邊」，追尋那滾雪球般之執著造作的路，是停不下來的，而且苦在根本不知歸程何處。兩大關把你困在那裡受苦，你要越過兩大難關，卻被卡住，心知執著是困，人為造作是苦，此之謂生命存在的兩大難關。莊子在〈人間世〉第二大段說：「天下有大戒二，其一命也，其一義也。」意謂天下有兩大難關，一個是命，一個是義。「命也」就在「吾生也有涯」，「義也」就在「知也無涯」。所以這兩段話可以前後呼應。

有人懷疑〈人間世〉不是莊子寫的，依我看義理是很一致的。「吾生有涯」的「命」，說此身是父母親生的，所以認命的第一個要義是認自己，第二個要義是認父母。認父母就是莊子說的：「子之愛親，命也，不可解於心。」所以英雄所見略同，我的人生理論，要天下人認自己、認父母、認兒女，是從儒家的觀點認的，沒想到道家的莊子也一樣認。我講命是從認命講起，孔子講知命，孟子講立命，莊子講安命，墨子講非命。墨子不認命，他的徒眾就此亡命天涯，因為墨俠走的是俠義道俠客行的路，你拒絕接受命，你就只有「非命」了——「非」是反抗的意思，就是不接受命運的安排。因為墨子是工匠集團的領袖，所以他不願意接受孔子講的知命，他要非命，他不接受命。但非命的結果，到最後就是亡命天涯。

所以人有時候要為父母親想，不要光從自己的角度想；你不接受命，只有亡命天涯。天生的要認，認父母生給我這個人物的才氣命限。人生是人物活在人間，也就是自我投入天下，自我是命，而天下則是義。

兒女愛父母的心，是不可解的命

莊子說「天下有大戒二」，因為天下只是一個集合名詞，是抽象的，事實上應該說普天之下的每一個人，沒有所謂的天下，只有在人間行走的每一個人；人我走在一起，就說是天下或人間。所以講群體，應該尊重個體，尊重個體才能建構民主法治社會。原來天下是從無數的自我聚集而有的，每一個自我的存在都是命，前頭徵引〈人間世〉的一句話：「子之愛親，命也，不可解於心。」父母生給我的這個人物，給我這個形體的氣質性向，或說是才情氣魄的自然生命。才情氣魄，會燃燒，會發光發熱；在心靈的引導之下，會希聖希賢，會立志向學，會誠意正心，會修身齊家，會治國平天下。而根本在有才學志氣，有智慧，亦有擔當的生命人格。

但是莊子所說「子之愛親」的命，是從天下兒女無不愛生身的父母來說，這實在是奇峰突起，比儒家更儒家。因為兒女的命是從父母來的，儒家講命，只是說父母生給我一個有才有氣的命；但是莊子更深刻，說父母給兒女一個命，而做兒女一生皆深愛自己的父母，這個愛是從心發出來的，一生都解不開的，這就是命。儒家所說天生才氣的命是不可重來，因為你不能換成另外一個人，你不能要父母重生一個不同或更好的我，所以只好認了；你不可能不認，不認命就沒了！此中，莊子有一個大突破，孔子說仁者愛人，愛要從仁心的自覺發出，而孝順父母的美德，要從修養工夫去培養出來，而莊子的「子之愛親」是天生不可解的命，生命實存直接就認了，更簡易而顯得高明。

而孔子的「知命」就是知道自己的性向才氣的命在哪裡，就知道要往哪邊走。而知道往哪邊走，進而挺立自我，就是孟子所說的「立命」。孟子接孔子之後。「知命」是少年，「立命」是中年，老年就是往莊子所說的「安命」走，好像是接棒似的。老年要安命——就是這樣啊，從「成形」到「形化」都是人生的必然，你要「安之若命」，且安於世事的變遷，安於人間的無可奈何，而這是不求安的安，當下就認了。原來不僅天生是命，人間發生的諸多無可奈何，也可以放下，不求安的安，認了就安了！

莊子的「安之若命」，其實比儒家還儒家。儒家倫理根基就在親情，莊子把「子之愛親」說成命，比說成出於仁心還直接。道家直把愛當作命，這話是很精采的；當我們讀到「天地不仁」、「聖人不仁」的時候，就以為道家只講無心，無心不是要解開愛的擔負嗎？莊子更深刻的把愛當作生命的本身，「不可解於心」，愛直接從心發出，且不可能解開；再深進一層看，不必解啊，何須解呢？這叫無怨無悔。因為已經認了嘛，又何須解？說解不開其實是又何須解呢？這也是「不仁」之說的深一層理解。這樣的命感真的很深刻，不光說才氣是命，原來做一個兒女，一生愛自己的父母，那更是命；別讓那個愛等同外在的道德條目。所以我說：我認命的時候是三代一起認的，我認我自己，我認生我的父母，我再認我所生的兒女，這樣的認，就出自愛的本身，這才是真正的生命共同體。認命是三代一起認，所以生涯規劃也要三代一起規劃。

人民承擔天下的責任，是無所逃的義

直把愛說是命的這一點，孟子就不如他了。當然孟子也有很深刻的感受，譬如他講：「命也，有性焉，君子不謂命也。」孟子認為：父子之親，君臣之義，你總是會去愛去承擔的，那個叫命。雖說是命，卻是「有性焉」——因為「親親，仁也；敬長，義也」，惻隱之心、羞惡之心，人皆有之，是天生而有，所以說「有性焉」，仁義既發自性分本有，是則命限的意涵已被沖淡，而是生命的直下承擔。莊子〈大宗師〉孔子說他自己是「天之戮民也」，是天生勞累人，他總是要為人間奔走；當子貢問他：「夫子何方之依？」請教夫子你是要遊於方內，還是遊於方外？孔子的回答沒有抉擇的空間，沒有退讓的餘地，他說我是天生勞累人。孔子一定是立身在方內，他早就帶著弟子周遊列國要去救人救世了；你說他這是困苦嗎，是難關嗎？但是孔子他認了，這叫「天之戮民也」。這話也是很深刻的，不過這可是莊子說的。孔子「丘也，天之戮民也」——我孔丘是天生的勞累人；就是一定要為天下人奔走，是當仁不讓，義無反顧的。這是莊子心目中的孔子，給出最高的評價與敬重。

另外在〈德充符〉也說：「天刑之，安可解？」這是叔山無趾對孔子的評語，他本來很氣孔子的，因為他的腳趾被砍斷，用腳踵走路去看孔子，孔子還跟他說：你怎麼這麼晚才來呢？為什麼不早一點來？現在才來，已經來不及了！無邊的惋惜抱憾與悲憫。叔山無趾卻很氣憤，說我休養生息，放下傷痛，用我真實的生命人格來看你，你怎麼一眼還看向我舊時的傷痕呢？我難得把自己的痛忘了，你怎麼又把我逼回舊時的現場？孔子向他道歉，說是自己的粗陋，請他進去歇息喫茶，甚或談心聊天；結果他拒絕，轉身就走，去找老聃，說孔子救不了他：「我看孔夫子這個人是不大行的，怎麼會名滿天下！」老聃說：「好啊！那我們兩個人一起來救他吧！」老聃故意逼出叔山無趾的自我反思，怎麼可能呢？孔子這樣的人，還要我們去救他嗎？普天之下，有誰敢說他要救孔子，那豈不是天大笑話嗎？此所以說孔夫子是「天刑之，安可解」，上天加在身上的桎梏，看似被綁住束縛，實則是他「天之戮民」的自我期許與遊於方內的志業擔當。

老天加在他身上的桎梏，又何須解

對孔子的人生智慧，體貼得最真切的是莊子，你在孟子的書裡面看不到，孟子是豪傑性情：「乃所願，則學孔子也！」這是跟天下人宣告，普天之下只有一個人值得我向他學習，那個人就是孔夫子；他的眼中沒有第二個人。那當然是對孔子最高的評價；但是對孔子這樣一生為天下人奔走，且無怨無悔，最能體會的是莊子，而不是孟子。說孔子是「天之戮民也」，是「天刑之，安可解？」，人世間的人怎麼解得開他加在自家身上的桎梏呢？本來老聃邀請叔山無趾：「既然你把孔子說得如此不堪，那我們就一起去救他，幫他解吧。」當下逼出叔山無趾「天刑之，安可解」的大徹大悟！這是老天加在他身上的桎梏啊！其實哪裡是老天加的，是他自己的心加在自家身上的使命感！他的天理良心給出自己的使命感，「夫子何方之依？」他的抉擇一定是方內，又加上一句「吾與汝共之」，他跟子貢說：我們師生兩個就遊於方內吧！那幾位方外高人呢？他們遊於方外。重點在於「遊」字，遊就在「相忘於江湖，相忘於道術」，人生的突破就是在不可遊裡面遊，這叫給出自在的空間，在不可能遊的人世間你可以遊。

所以「不可解於心」、「天刑之，安可解」、「天之戮民也」，都表達同樣的意思。但是他不只是愛親而已，孔子對人間的責任，也是「不可解於心」。所以到那個時候，有桎梏等於沒有桎梏，有枷鎖等於沒有枷鎖，因為他認了，那就是孔子。我認了，無怨無悔，所以有命限，也等於沒有命限；命本來就是限，雖是命限，對他來說「不可解於心」，同時又是「何須解」啊。所以叔山無趾當下大悟，誰能夠幫他解開呢？在人生的重大關卡，有哪一個人能像莊子對孔子的體會這樣的深刻，而求得生命的安頓呢？

不是我少了一隻腳，而是你多了一隻腳

莊子講命還有很多動人的解悟，像在〈德充符〉講到鄭國子產，與同學兀者申徒嘉同座聽課，兀者是被砍斷一隻腳的人。子產看不起他，就說：請你不要老是跟我同起同坐。莊子在這邊給出一句話：「中央者，中地也；然而不中者，命也。」哇，這實在是反諷到極點；所以說「命」在莊子內七篇裡面有無限豐富的意涵。他說人生像是「遊於羿之彀中」，這句話剛好也導向義這邊來。每一個人都遊於羿之彀中，羿是神射手后羿，彀就是他射箭的靶心。他是神射手，而你又在他的靶心這邊遊，在這邊行走來去，這個靶心就是中央。而「中央者，中地也」，中地是必中之地，你在靶心

走動，那是必中之地，誰能不受傷呢？這是申徒嘉的嚴重抗議，還不是你們這些執政的人所造成的傷害嗎？鄭國子產，你是執政的人，你今天還看不起我。其實每一個人都遊於羿之彀中，這是人生的存在處境；「然而不中者，命也」，本來人人都會被射中的，都要被砍掉腳的；那沒有被砍掉腳的人，只能算你命大。所以我對這一段話的解釋是：你以為我少一隻腳嗎？你看不起我嗎？我根本認為是你多了一隻腳！我看你鄭國子產是多了一隻腳的特權異類，你看不起我，是因為我少了一隻腳，但是我現在要問你：你為什麼會多了一隻腳？人人皆被砍斷腳，怎麼你是完整無缺的？你怎麼可能保有完整的雙腳，你到底付出了什麼樣的代價？

哇，這真是一個很厲害的反諷。「然而不中者，命也」很難翻譯，我只好說那算你命大，但是又顯不出那分痛楚，那分發自內心深處的沉痛抗議。我們在人世間受到的不平對待所帶來的傷害，都可以這樣理解：「遊於羿之彀中」，做人是很無奈的，人生路坎坎坷坷，不都是困苦跟難關嗎？而且這是與生俱來的苦難：「吾生也有涯」是困，「而知也無涯」是苦，人生就在困苦中打轉，此謂「以有涯隨無涯」，而這個又是普天之下每一個人的命運。那只好認了，所以人生的挫折與失落是必然的，你只好認了；遺憾是必然的，你只好認了；認了也就不苦了。

「子之愛親，命也」，莊子直接把愛當作命，那是更深刻的認同；所以我說那是受不了的重！愛是命，而且已被斷定不可能解開的。在「父子之親」之外，莊子也講「君臣之義」，人生不是自我活在天下嗎？不是人物走在人間嗎？〈人間世〉說的是每一個「命」都投入在人間街頭，人生路很複雜，人際關係很微妙，好在那裡，不好也在那裡，這就是天下人間的義。「臣之事君，義也」，舊時傳統總是臣下奉事君上的格局，這是義；因為君王代表天下，天下是有道義的。天下人走在路上叫「道」，而走在這樣的路上一定有對有不對的二分，這叫義。所以人生一個很重大的難題，很重大的壓力，就是你要證明你是對的，而且不光是對的，你還要是對的裡面中最對的；你不光是美，你還要是美的裡面最完美的，善的裡面最完善的。這種事國中生高中生最瞭解，每一回都要考最高分，才上得了第一志願。最好不要差一分、兩分，那父母親是會捶心肝的。因為要跟全班比，跟全校比，跟全台灣的青少年比。

莊子是人間的無所逃，孟子是人心的無所逃

「無適而非君」，人不是要走到天下嗎？「適」當「往」來解，所謂人生，就是人物走入人間，自我走入天下。沒有什麼你到的地方會沒有君王的存在，君王是代表政治制度跟法律規範，也就是道義。人生的「道」路，一定有一個「義」理，作為價

值標準，說是天下道義。不管你到哪裡都有君王，也都有道義。所以莊子下一個論斷：「無所逃於天地之間。」這句話很沉重；儒家也認為君臣之義是一種責任的承擔，但儒家認為君臣是可離的。孟子是這麼說：「君有過則諫」，君有過錯你就要勸諫；「反覆之而不聽」，你一再的勸諫，他也不接受；「則去」，那轉身就走了。這是孟子的氣魄與灑脫，因為臣下跟君王相處是因為你的觀點是合理的，你的作法是有效應的，你的價值就在於君王接受你的「對」；結果你的「對」他竟然不接受，你只有一條路，走開離去。

所以孟子還留了一條瀟灑走開的活路，莊子說的「義」卻如同天羅地網般的整個籠罩下來，果真是「無所逃於天地之間」；那不是讓普天之下有理想的人同聲一哭嗎？因為已沒有可以超離、可以解脫的地方了。這也是讓人承受不了的重，兩頭都很重：愛也很重，義也很重。怎麼莊子會這麼儒家呢？所以我說莊子大概直承顏回「一簞食，一瓢飲，居陋巷，人不堪其憂，回也不改其樂」的精神，因此他這個道家，卻是很孔子的一個思想家，這就是宋明儒所謂的「孔顏樂處」。莊子當然是老子的繼承者，但是在生命的體會裡面，他反而比較貼近孔子。

當孟子說：「反覆之而不聽，則去！」君臣之義是可離的；而莊子卻說「無所逃於天地之間」，無所逃是沒地方可以逃，既是無處可逃，那就不必逃了。本來在傳統倫理中，父母子女是天倫，天倫是不可離的，所以父子兄弟都是不可離的；而君臣朋友是人倫，在人間相遇，也在人間流離，所以是可離的，因為它不是命，而是緣。孟子講「君臣之義」，是把那個君臣的「義」放在人的良知四端之中，成為本心的仁義禮智四端之一。本來只在人際互動看彼此合不合，合則留，不合則去的，這叫可離。朋友的道義之交也是合則留，不合則去的，因為它不是天倫親情，它是人倫道義。結果孟子把那個人間遇合的情義也等同於父子之親的分位，成為我們良知的四端之一，這樣就讓君臣之義轉成吾心的不可逃。

莊子講的無所逃是「人世間的無所逃」，孟子講的無所逃是「本心的無所逃」，這就不再是合則留，不合則去；因為你的心永遠有仁義禮智。所以在這一方面可以好好比較孟子跟莊子關於「命」與「義」的觀點，有一種交錯，卻很有意思。看起來好像莊子比較沉重，但究其實，莊子是「無所逃於天地之間」，孟子是「吾心之所不容已」，「已」當「止」解，我心不容許我停下來。君臣之義儒家認定是人倫，所以可離「可去」，問題在「義」是本心良知的四端之一，是不容已，吾心不容許不發動，不運作，在此似乎成為兩難。而且不光是君臣之義，還有父子之親，仁義禮智的發端在惻隱之心、羞惡之心、辭讓之心、是非之心，這些都是「吾心之所不容已」。所以對儒家來說，親情跟道義都是擔當，你不可能把它放下來。從這一點來說，孟子講的君臣之義是比莊子更深更重的。不過，「不容已」的義，還是有另外一邊可做選擇，也可逃開的──「君」若不義，「則去」也是義，是可以選擇離開，就像孔子周遊列國一樣。

把無所逃當作不可解，一起認了

孟子說：「吾心之所不容已」，因為你總是愛斯土斯民，這個愛是不能放下來的，本心良知透顯仁義禮智的端倪，這是我的擔當，我不可能讓它停止下來。所以從這一點來說，孟子是比莊子積極的，莊子只是無所逃，孟子則是不該逃，自覺應該就要承擔，從「吾心之所不容已」來說，莊子還是差一點。當然這看你怎麼說，這兩個人都是第一流的思想家，是站在儒家立場，或是站在道家立場的分別而已。因為孟子不必講無所逃，所以他周遊列國，這邊不合，我就往另外一個國度走；到任何國家，都是吾心之所不容已，孔子孟子沒有狹隘的國家觀念。不是只為諸侯國，他們是為天下人。周遊列國為了「平天下」，沒有人罵他們對不起母國。那在今天還得了嗎？許信良主張台灣要走西進的路，假定為了兩岸好，站在儒家平天下的立場，是可以支持這條進路的；問題是民進黨講的是疼惜台灣，所以這就是一個難題了。這也就是「中央者，中地也」的意思。中央指稱的是人間的義，大家以道義相責難，互相砍斫，那是沒有人不受傷的，包括兩岸要增進交流的說法。

人生這兩大關卡，「子之愛親，命也」，比較容易，天下兒女都是父母生的，發自內心愛父母。就算愛是一個牽掛，一個負累，也可能面對艱難，甚至困苦，我們深愛自己的父母，當下直接就認了愛父母的命。但人世間的不公正，你就很難心平氣和的接受了；儘管是無所逃，也是不能接受的，你怎麼可以不公正呢？怎麼可以不顧天下正義跟人間公義呢？這個「義」是人間天下大是大非的問題，義就是公正跟是非，當代人喊的最大聲的就是社會正義與人間公義。

那莊子怎麼接受這個問題呢？「子之愛親」相對容易，「臣之事君」就比較艱難，莊子說：「知其不可奈何，而安之若命。」這是無可奈何的，你總是要活在人間街頭啊，你總是要面對君臣之義啊。就像我們今天面對兩岸問題，你也是「知其不可奈何，安之若命」，因為這是當代中國人的命，所以大家只好容忍台灣房地產跟股票市場永遠的不安定，這不是主政者的錯，這是因為生為台灣人的共命。這個是無所逃的，你不能把台灣變成夏威夷，你不能讓台灣遷移到遙遠的英倫三島，你就是在台灣海峽的這一邊。所以只好「知其不可奈何，而安之若命」了。

安之就是安這個義，安人間的義，就把它當作是天生的命吧！父母生成的，你就不會抗議，不會抗議爸媽生下不是那麼強壯的我吧！身為台灣人就認了吧；對岸一直用民族大義要你認命，說這是民族感情，所以請你認了你本是中國人的命，你不要只做台灣人。這個「義」就很重了，我們直接感受到北京給出的壓力是受不了的重。

不是不義，只是無緣

兩岸之間，要在命跟義之外，找到另一個理念來回應，李前總統說中華民國在台灣一直是主權獨立的國家，也就是這個意思。我們有軍隊、有內政、有外交、有人民、有土地、有統治權力，你怎麼能夠否定我是一個國家？當今世界的格局是要維護既有的國際秩序，李登輝總統就要爭一個保持現狀，對岸畫出紅線：你宣布台獨看看！施明德說我不必宣布，我本來就是一個獨立國家。我要用的是另一個理念來說兩岸關係：「不是台灣不義，而是兩岸無『緣』啊！」

在此佛教的「緣」，比儒道兩家的「義」貼切。因為它解構了儒道兩家那令人「受不了之重」的「義」，所謂民族大義、有情有義，或者是人格操守、人間道義等。這義字是無邊的沉重，壓垮了天下多少人；因為你不義就活不下去了。所以不是台灣不義，只是兩岸無緣。這就把不義的那種罪狀軟化了，今天就說是去罪化。佛教的「緣」軟化了儒道兩家的「義」，這是我感受到佛教義理的柔軟性。儘管我們認同儒道，但是佛家的長處你真的要有體會，它本來說「緣起性空」，這就要突破我們的執著，解開我們的無常感，讓我們從煩惱中解脫。大陸是用民族大義壓迫台灣認命，你不認命就導彈演習給你看看，甚至戰機戰艦圍繞台海，它之所以用民族大義，就從「無適而非君」說，你是台灣人，就是中國人，你怎麼可以說你不是呢？所以要你認命，你非認不可，就是莊子說的「知其不可奈何，而安之若命」了。

我們終於在佛教裡面找到這個「緣」字，一方面軟化了情愛世界的殺傷力與悲壯感，同時也讓兩岸關係能夠有一個轉寰的空間。不過我相信大陸絕對不會接受這句話，他們會說這是毒素毒草。我在成都舉辦的兩岸學術會議的開幕式說過這句話，我還說我們的陳靜讓給你們的鄧亞萍，那是亞特蘭大奧運會上桌球金牌與銀牌的得主。我們要請海基會、陸委會傳達佛門的智慧：不是此岸不義，只是兩岸無緣。一百年之間只有四年在一起，而且那還是在兵荒馬亂、復員接收的時代中，實在沒有機會讓兩岸中國人，好好做一家人。為什麼當我講命、講義、講緣的時候，把「緣」與命連結在一起，而不是命與「義」一起說？因為講命與義，那就很嚴重狹窄；講緣與命較鬆動開闊。

所以儘管「緣會不定」，「不定」不是正好給出一個轉寰的空間嗎？不然真的要把人判死、定死在那裡嗎？我們不給自己一點空間嗎？講無緣就不會像不義那樣嚴重了。

命不可解又何須解，義無所逃也不必逃

命既不可解，那何須解呢？莊子說孔子「天刑之，安可解？」，這是通過莊子來理解孔子的精神。但是直接安於義就艱難許多，那用什麼來安呢？還是用「命」來安頓「義」。既然知道本質上「無所逃」，等同「不可解」，那就一起認了吧！人生天生不平等的命比較可以認，那就把社會不公正的義也等同於天生不平等的命吧！人生怎麼能平等？你是誰家的兒子，就會決定你一生的成長歷程；社會的不公正，不就像命的不平等嗎？反正逃不掉，等同解不開，就把後天的當作先天的吧，把人間發生的當作天生本有的吧，這是莊子在無可奈何之下的應變智慧。

當然不是光這樣子，他還要通過他的修養修行來解決人世間的困苦跟難關，這裡只是簡單的說：第二個難關的「知也無涯」，莊子是試圖用第一個難關的「生也有涯」來化解。義安不了，把它當作命，也就可以安了。也就是說：當我們把「義」看作「命」的時候，對於「義」的那種不平感，或許可以為它找到放下來的空間了。

第二章

乘物以遊心的本質與出路

「乘物」就是「心在物中」，無限的心落在有限的物中，這是生命存在的真實處境。所以生命的出路，僅能「乘物以遊心」，這是存在處境所給出的可能空間。「心」不執著，「物」就不造作，不過心靈的自在之遊，還是要寄託在形氣之身。而莊子又說：「託不得已以養中」，心也寄身在「不得已」的人間，生死禍福與成敗得失，都離不開人間世執著造作的複雜與天候地理的氣化變動中，所謂以養吾心之「中」，也就是養吾心的「沖虛」，心致虛守靜，在虛靜如鏡的觀照中照現生命存在的真實美好。

生命存在的處境與困局，是通過生命的存在感而來的，西方存在主義哲學家在第一次世界大戰之後做出了痛切反省，整個文化傳統與社會文明所帶動的科技發展與工商繁榮，似乎沒有為人類帶來真正的幸福，生命反而落在傷痛與苦悶中，那種實存感是很真切的。而人在痛苦的時候生命才是最真實的，因為那個時節一切虛幻的名利權勢，都已消散遠離。佛教義理最動人的地方，就在啟發我們原來大徹大悟的生命智慧，是從生命的痛感，經由心靈的真切反省而激發顯現，所以我說困苦是人向上翻越的一個契機。

「心在物中」的存在格局

佛門所謂的「乘願而來」與「應劫而生」，這兩個辭語本來不應該放在一起說，依我的感受，人的存在真實是「心在物中」，這是人的存在處境，無限的心卻落在有限的形體之中，人生的悲感就此逼顯出來。本來無限性的價值心靈，被有限的形體困住。原本是「乘願而來」的，像活佛轉世就是因為心願未了，又重回人間，但是他卻落在一個有限的形體裡面——活佛也是人啊；所以儘管擁有上一世留下來的智慧，但是人生的修行還是得從頭做起，因為你這個形體還是跟眾生一樣的有限。通過「心在物中」的存在處境，讓我們有「應劫而生」的悲情。

心的願望無窮，卻落在一個有限的形體中，本來是「乘願而來」的，沒想到終其一生都忙著修養自身，試圖即有限而活出無限。就像現代人一樣，終其一生忙著讀書；但書是讀不完的，那何年何月出師、成道呢？屬於一個人創作的歲月能有多少年呢？假定要讀到博士學位，大概都三十好幾了——除非是天才早發；問題是即使天才理解力與創發力夠強，但是感受、體會仍舊不足，生命氣象還是不夠開闊而有欠深刻。你的創發力受限於感受力，體驗的深度與智慧的靈動仍是相當有限。那人生什麼時候生命人格的成長才能走上成熟之境呢？我看至少要到五十歲吧！孔子不是說「五十而知天命」嗎？但到那時大半生卻已然過去了。

牟宗三教授七十歲生日的感言是：「我到了今天，終於可以把中國哲學全面統貫講通了！儒、釋、道三大教都可以統貫講下來了。」牟先生這個名字真好——宗三，剛好他所宗的是儒、釋、道三大教。（在整個中國文化傳統來說，牟先生是以儒家儒教為主流，但是他還是同時肯定儒、釋、道三大教的大智慧。）他說到了今天，三大教都已融會貫通，幾千年的哲學可以講下來了，但底下接一句：「但是我已經退休了！」邁上「七十而從心所欲，不踰矩」的高峰，卻不得不從大學研究所的講座退下來。是啊，他成熟了，卻已然退休了，這就是回顧一生的實存感。你「乘願而來」，卻落在這樣一個有限的生命歷程中，被困住了，心中的慈心悲願來不及充盡的展開，所以人生不免有憾。就算活佛也要從童稚成長，他一生總要面對自己有限的形軀；而有限的形軀，能夠承載無限量的慈心悲願嗎？

人「乘願而來」，還是被這個有限的形軀困住，當你覺得書讀通了，卻已經到了退休的年齡，時不我予啊！你此生修好了，可以普渡眾生了，但是已經到了人生最後的餘年了。印順法師是證嚴上人的師父，是台灣佛教界出家人中佛教義理到達高峰的第一人。雖說他跟牟先生在佛門教派之義理性格的分判有相當的歧異，但不會動搖他是佛門高僧，且是台灣佛教義理第一人的崇高地位。可是大師也會在歲月中老去，印順法師老了，牟先生也老了。所以大師儘管「乘願而來」，但是畢竟落在一個有限的形體，有限的人生行程裡面，這就是應劫而生啊！就在自我的有限與人生的短暫，逼出我們的實存感，這樣才會激發智慧來。不然你會自我膨脹，好像生命可以無限延長似的，都說百年人生，可以發光發熱不過短短幾十年而已，端看我們要怎麼安排了。

有限的人物走在複雜的人間

說「應劫而生」，人生不光是被這個有限的形體困住而已，還要面對人間街頭這個難關——莊子所說的「人間世」，是人與人之間的關係世界。人間世這麼複雜多變，所以它是一個難過的關卡，本來人是「乘願而來」，終究得「應劫而生」。你看人生有那麼多的誤會，那麼多的猜疑，更不要說那麼多的權謀算計與不擇手段的相互傾軋了。民主政治經由選舉，決定哪一政黨執政，哪一政黨在野，在競選的過程中，彼此的攻訐謾罵，感覺上好像台灣已經沒有什麼好人了，選得這麼難看，這麼沒有風度，這不是「應劫而生」嗎？我們真是劫數難逃，「無所逃於天地之間」。就因為劫數難逃，所以才說是「難關」。

第一個把我們困住的是我們這個有限的形軀，你會疲累，你會氣苦，你會厭倦，你想逃避，而走上棄絕之路。第二個卡住我們的是我們投身其間的人間街頭，這不是「應劫而生」嗎？假定我們要修成正果，第一個要憑藉人物的有限性，第二個便要穿越人間世的複雜性，一者要即有限而求無限，二者要化複雜而為單純，才不會讓原來的心願因頓挫而落空，才不會讓人間的劫難逼我們倉皇逃離。所以我們要回到生命存在的本質，來尋求突破困局的出路。

講生命存在的本質與出路，就一定要從「心」來說。「人物有命」在「吾生也有涯」，「人間有緣」在「而知也無涯」。緣會理論上意味著無限的可能，卻那麼複雜，微妙而多變。「以有涯隨無涯」就是人物走入人間，而展開人生的行程。人物有命限，人間有緣會，有緣千里來相會，那麼多人在人間匆忙來去，誰會是你一生一世的朋友呢？這樣的緣會在每一瞬間展開，又在每一瞬間消散。到處是機會，時時有可能，問題在每一個人都不一樣，彼此間都停不下來，就算機緣來了也抓不住。人物天生已定的命要扭轉，人間緣會不定的緣要定住，此一扭轉命、定住緣的價值源頭在「人生有心」，出路因心而開，心生善緣，而緣造好命。

要靠心來知命、立命、安命

人物有命是你走向未來的可能憑藉，問題在，才氣與性向也是你的限制。你有某一方面的天分專長，其他方面相對來看就是你的缺陷。譬如說你是數理天才，但藝文方面可能差一點；或是你在藝文方面有才氣，在數理方面可能弱一些；或者是有才氣比較靈動的，也有反應比較遲鈍的，有性情比較厚實的，也有天生比較涼薄的；在籃球場上更加明顯，有打前鋒的，有守後衛的，有縱橫籃下的中鋒，各擅勝場。所以人物有命，看起來是某方面的天才，生命才情都在這個場域顯發出來，它同時也形成一個限制。

另一方面人間街頭的機會很多，就因為機會太多，反而抓不住。所以人間有緣，卻會錯過。總而言之，命是我們不想定的，卻已經定了；緣是我們想定的，它偏不定。這就是生命存在的本質，而出路在生命主體的心靈，定在「乘願而來」的心願，而不要流落在「應劫而生」的天生命定與緣會不定中。無限的心「願」落在「命」的限制中，就被困住了，因為活佛也是人，大師也會老，有一天都會離開人世間，甚至來不及把想寫的書寫出來，來不及開示所有的有緣人。無限的心願也要落在人間有緣間。開放的社會多的是緣會，問題是政治立場與社團觀點的分歧，甚至意識形態的對抗，複雜到你的學養與氣勢也定不住它；不過，「心」可以定住它自己，進而定住每一當下的緣會。

所以我們要靠心來「知命」、「立命」、「安命」。這剛好是三大家的哲理，說「知命」的是孔子，說「立命」的是孟子，說「安命」的是莊子；三者統貫可以翻轉人的一生而「改命」。「命」的改變是消化哲人立身處世的智慧，靠自家的心靈，讀通經典而做修養工夫，進而變化氣質，人不同了，走的路也就不同了，當然結局也會不同。這是由氣命走向氣運，從而改變氣數。天生已定的「命」就可以完全扭轉，而改變自家一生的命。通過修養修行，我們在人際的微妙關係裡面，就比較能夠穩住甚至深化友誼道義的品質與格調，就是通過心來定住人間的緣會，且成美好的善緣。

這一章講「生命存在的本質與出路」，就是回應前一章的「處境與困局」。處境在人物是有限，困局在人間是複雜的。莊子說是兩大難關，前者是不可解，後者是無所逃，所以我們回到生命的本質去尋求打開出路的憑藉。這不是靠血氣去打開出路，也不是到街頭去尋求機會，而是靠我們的心靈——我們的生命主體，引領形體做修養工夫，並建立體制將人與人的互動納入理序中。不是放縱我們形體的本能欲求與才情氣魄，流落人間街頭去爭逐名利奔競權勢，而是回歸天生本真的「德」。生命的出路在哪裡？就在回到生命存在的本質真實，回歸天真本德，這一方面莊子是通過一個寓言來細說分明。

靜坐工夫會是「形如槁木，心如死灰」嗎？

在〈齊物論〉的第一大段，莊子講「萬竅怒呺」的寓言，上一章講的「生命存在的處境與困局」，是從〈養生主〉的第一句話說起的，現在講「生命存在的本質與出路」，就從〈齊物論〉的第一大段開端。「萬竅怒呺」的主題寓言，說：「大塊噫氣，其名為風，是惟無作，作則萬竅怒呺」，天地大塊，吐出了一口氣，那就是宇宙的長風，除非此風不起，一起則天地間萬種不同的竅穴就會同時發出萬種不同的聲音，這就是天地交響樂的「地籟」，而人間有萬種不同的人物，也會譜寫出屬於自己一生的生命樂章，這就是人籟。

不論地籟與人籟，皆由「大塊噫氣」的天籟而來。南郭子綦靠著茶几正打坐修行，他「仰天而噓」，似乎打坐工夫已進入到另一個境界，「噓」是如釋重負的呼出一口氣。「嗒焉似喪其耦」，當下解消了自己的形軀，形軀不再是生命存在的負累。心靈不是擔負我們的形軀過一生嗎？所以修養工夫就是要讓心靈歸於自身本來的精純，所以要擺脫形軀的負累。當時學生顏成子游守在身邊，像護法一樣，他看到老師的生命氣象與昔日大有不同，好像突然間以一個全新的姿態出現。「仰天而噓」就是好像內在的壓力、負荷，就在吐出那一口氣中消散；「心」已解消了「形體」的拘限，擺脫了世俗塵囂。學生看到老師「似喪其耦」的生命氣象，衝口而出說了一句質疑的話：「一個人的形體可以像槁木一般的生機全無，那麼請問一個人的心也可以讓它像死灰一般的一念不起嗎？」

哇！這是一個天大的責難，所有練工夫的人一定都要面對這個問題。當然學生對老師會有這麼嚴重的質疑，本身一定下了很深的工夫，而且也有很真切的存在感受。老師是在修行、在靜坐，結果他看到的卻是「形如槁木」；我們人的形體都會有一點柔軟，有一分生氣，這是心靈注入了蓬勃的生機——人活著心是靈動的，所以形軀是柔軟的，有生氣與活力，有潤澤與光采。現在老師的「心」擺脫了形軀，所以形軀少了靈動，就像一堆乾枯的木頭擺在眼前，因為心靈不再注入活水。心靈證得了大自在，問題在，形軀竟成了乾枯的木頭一般。所以學生要問：「形固可使如槁木，而心固可使如死灰乎？」依學生直覺的思考裡面，形如槁木，一定心如死灰，不然你怎麼會生機全無呢？死灰是沒有火星的閃爍，看似一念不起的木頭人。他看到今天的老師跟以前的老師完全不一樣了，也許在老師來說是一個工夫的突破所展現的生命氣象；但在學生看來卻是一個真實生命的嚴重失落。

假定練工夫的結果竟是「形如槁木，心如死灰」，那我練這工夫幹嘛？

放不下、想不開的都解掉了

某些神祕教派讓人質疑，通過人文觀點的省思，假定讓人間沒有生機、沒有智慧、沒有活力、沒有愛，那麼所說的最高不一定就是最高，所說的最後也不一定就是最後；你說的終極的天道不是天道，你說的佛陀不是佛陀，你說的基督也不是基督。假定所謂的工夫是「形如槁木，心如死灰」的話，它還叫工夫嗎？還要一生修行，下一輩子的功夫嗎？

所以學生的理由就是：今天我看到靠在茶几的這個人跟以前不同了，這裡藏有他內在的不安，怎麼老師會如此萎頓──「形如槁木，心如死灰」呢？這時身為老師的人，不僅不認為學生的質疑太不禮貌了，反而覺得學生問得很好，他說：「你的發問真好！」接著他用三個字來解釋為什麼他今天會不一樣：「今者『吾喪我』」──今天我擺脫了我自己，我把我自己解構了，把諸多放不下的想不開的都解掉了。

「今者」，就是回到當前的存在處境，是「現」在你眼前的、也讓你擔心的是老師跟以前完全不一樣了，且讓我來告訴你，今天的我把我自己解掉了。「喪」就當遺忘或擺脫講；「吾」是心靈的我，「我」是形軀的我。今天心靈的我把形軀的我解消了、擺脫了。既然我已經擺脫了我的形軀，所以你看到我「形如槁木」，這是理所當然；問題是你怎麼可以說我「心如死灰」呢？因為我擺脫了形軀的負累，我的心得到全然的自由，所以心靈可以遨遊在天地之間，你怎麼會認為我「心如死灰」呢？你只看到我的形，卻看不到我的心。當你從我的「形如槁木」，說我「心如死灰」的時候，這是來自於你的推論。就像我們看到一個人無精打采一臉茫然的走在人生路上，我們就會知曉他的生命出大問題了，因為他的三魂七魄不在他的身上；何況我們講的不是魂魄，而是心靈。可是對學生來說，人的心跟形是一體的，你「形如槁木」，豈不就是「心如死灰」嗎？

所以我說生命存在是心在物中、心在形中。你的心在你的形體裡面，是一體不可分的，現在你「形如槁木」，可見你「心如死灰」。在家居日常的行程中，這句話是可以說的；但是現在是經由修養工夫，這個轉化就成了「今者吾喪我」的工夫所開顯的境界了。所以看起來「形如槁木」，但是「心」反而更生發無限的生機。這就是老師回應學生的質疑，試圖解消學生的不安，這也是道家跟佛教所謂的「空靈」——看起來是「空」，實則是靈動：它是「無」，但是一切的「有」都從它來。

只聽到有聲之聲，而聽不到無聲之聲

老師以「吾喪我」，來解明這是我的修養工夫所開顯的境界，不是那種了無生趣的生命乾枯，接著又說：「汝聞人籟而未聞地籟，汝聞地籟而未聞天籟夫。」前半句意謂「我看你只聽到人間的聲音，而沒有聽到大地的聲音！」大地的聲音要在比較空曠開闊的自然天地才聽得到，在人間街頭只有人籟，而且是俗氣塵囂；你遠離紛擾吵雜，才聽得到從大地發出來的聲音；後半句又進一步說：「就算你聽到了大地的聲音，你也聽不到天上的聲音吧！」言下之意就是：你只看得到「形如槁木」的這個有形的我，有形的我就像有聲之聲的人籟、地籟；你可沒有看到無形的我，如同你聽不到那無聲之聲的天籟！

學生立即請教老師：「敢問其方？」請老師指點開示。老師就此講出一大段「萬竅怒呺」的寓言，藉以說明所謂的人籟、地籟、天籟。通過有聲之聲的人籟與地籟，來逼顯無聲之聲的天籟，回應因「吾喪我」而引發的誤解與質疑，說你看到我「形如槁木」，但是請不要說我「心如死灰」。這裡關涉到一個大教、一個大哲學智慧的最緊要關頭，因為你的修養工夫所涵藏的無限生機，竟然被看成是「心如死灰」，這是傳道歷程的嚴重失誤，所以他藉「萬竅怒呺」的寓言來點撥明白。

他說：「大塊噫氣，其名為風。」大塊是指天地，天地好像是個生命體，它會呼吸吐氣，就像南郭子綦的「仰天而噓」。一個生命體長長的呼出了一口氣，這口氣裡面涵藏了大半生的生命體驗與體悟，古今多少事，盡付一歎中。另一方面這也是修養工夫的吐納調息。天地大塊吐出的氣就稱之為風——宇宙長風；我們現在常講社會風氣，就是因為風是從氣來的。「是惟無作，作則萬竅怒呺。」除非這個宇宙長風不起，一起就吹向大地，大地上有萬種不同的竅穴，就會同時發出萬種不同的聲音。不只是發出而已，而且是「怒呺」——盡情的、充盡的、澎湃的、飽滿的、無所隱藏的、毫不保留的全幅生命的展現，這就是「萬竅怒呺」的地籟。萬竅是天地間萬種不同的竅穴，本來它們是沒有聲音的，當宇宙長風吹向大地的時候，就穿過萬種大小不同形狀各異的竅穴，所以這萬種不同的竅穴，就同時發出萬種不同的聲音，而這個聲音就代表天地間萬物的生命氣息，這就是天地大塊的生命樂章。

「萬竅怒呺」就是地籟之全與人籟之和。但萬竅本來是沒有聲音的（這裡是用樂音來顯示生命），萬種不同的竅穴本來是一片死寂，當「大塊噫氣」之宇宙長風吹向大地的時候，突然間全部活躍起來，通過竅穴發出自家生命的樂音。整個宇宙大地有如大地春回同時活起來了，就像一個交響樂團，突然間每一個樂器同時響起，不管它是大地交響樂，還是生命交響樂，這就是「萬竅怒呺」的浩壯聲勢。莊子通過這個寓言，來解釋整個天地萬物生機活力的顯發，就稱之為「地籟」。

天籟就在地籟之和與人籟之真中顯現

那什麼是「人籟」呢？像我們每一個人去吹洞簫，吹七孔笛，發出來的聲音就是每一個人的生命樂章。同樣的樂器跟譜曲，由不同的人來吹奏，感覺就不一樣，格調就不一樣，那就叫風格，因為吹奏的聲音裡面，有個人幾十年的生命體悟。所有的文學、音樂與藝術的創作都是這樣。包括你這個人也是，所以你這個人就是一部作品，這叫「人籟」。「人籟」就是像七孔笛、洞簫那樣的樂器，你去吹奏它，發出你這個人獨特的生命樂章，「人籟則比竹是已」。「比竹」是並列的竹管，一敲打吹奏，就會發出屬於它自己的生命樂章。

莊子告訴我們，「大塊噫氣」是天籟，它是無聲之聲，而人籟、地籟是有聲之聲。所以南郭子綦說：「你只聽聞有聲之聲，卻沒有聽聞無聲之聲。」因為「此曲只應天上有，人間難得幾回聞」。問題是：那你怎麼可能聽聞天籟呢？天籟在哪裡？其實天籟就在地籟之和與人籟之真裡面朗現，因為天籟是無聲的，而人是聽不到無聲的。就像老子說：「大音希聲」（四十一章），又說：「聽之不聞名曰希」（十四章），「希」是微，「微」就是你聽聞不到；「大音」就是天籟，因為「大」是「道」的「強為之名」（二十五章），而無聲是「希聲」。所以通過「大音希聲」就可以理解天籟的無聲之聲。

我們要在人籟之真裡面去體會天籟，在地籟之和裡面去體現天籟。所以「萬竅怒呺」雖每一竅的聲音都不一樣，但都是天籟。通過這一點來說眾生平等，不然〈齊物論〉平齊萬物之論，或物論平齊之說建立不起來，就沒了它所以可能的理論根據。

人人真實，萬物和諧

人間世是「知也無涯」，人的才氣有不同的類型與不同的強度，大家不一樣，而每一個人都以自己做標準，去批判別人，說別人不對——跟我不同的人就是不對。但是莊子告訴我們：所有不同的聲音，都是來自於共同的源頭，都是「天籟」。所以人物天真，老子謂之「精之至也」，而人間和諧，老子稱之為「和之至也」（五十五章）。人人天真，相處才會和諧，且只有通過天真而來的和諧才會長久；否則不叫和諧，那叫妥協，而妥協是不會長久的。現在是利害交換只好妥協，到了明天情勢有異，又從頭來過。國會的協調會永遠開不完就是這樣來的。他今天輸給你，是因為他的出席人數沒有你多，只好跟你妥協；但是明天總動員全員到齊就重新翻案，因為他的人比你多了，可以翻轉了。

所以天籟在哪裡？就在每一個人籟的真實，與整體地籟的和諧裡面顯現。每一個人都是真的，而所有的「真」在一起才能是「和」諧的，這樣怎麼會有困苦跟難關呢？你的「心」出來，你才是真的，而大家的心都交會了，又怎麼會有「天下有大戒二」之難以破解的困苦跟難關呢？我不是說我們要回到生命的源頭，從「人生有心」那邊來看嗎？假定你放在「人物有限」與「人間複雜」這邊來看，就只會看到人人失落天真而物物難以和諧的困苦跟難關。當每一個人物都出自真心，人間都是真心交會，你就不會覺得不可解與無所逃了，你就不會覺得人生路上有諸多的無可奈何了。所以天籟在哪裡？就藏在人籟之真跟地籟之和裡面。就像交響樂一定是和諧的，作曲家抓得住生命存在的真實感受，會讓所有的樂器有均衡和諧的交融。

人籟之真與地籟之和都來自天籟的源頭——「大塊噫氣，其名為風」，這個氣的流動就是風，而貫串長流，就是宇宙長風。當天地之氣吹向大地，大地萬種不同的竅穴便發出萬種不同的聲音。而每一個竅穴所發出來的聲音都是真的，因為都是通過它自己發出來的，這叫「咸其自取」，每一個竅的聲音都是它自己認取的。我們的生命樂章是通過我們每一個人的這一竅發出來的，是自己認取而譜寫出來的。這一竅就是我的形體，也就是我的性向才情。我們每一個人的人生樂章不一樣，因為每個人的性向才情不一樣，所以我們展現不同的風貌與姿采。重點就在我有沒有從「心」發出來通過才氣性向表現的「真」，所以我才說人生的好命就是我自己認取的，發揮自己的性向才情活出來的就是好命，所以人要認取並發揮自己的性向才情，那才是你一生的事業，千萬不要老是唱別人的歌，應該要唱自己的歌。現代人在卡拉ＯＫ唱歌的時候，我相信他就在唱出自己的感情，每一個人都把自己的感情唱出來，唱得再離譜感情還是真的，總說一句「人籟之真」就在「咸其自取」。

讓每一個人發出自己生命存在的真音，這是道家對「天道」的體會，它給你空間，給你餘地，而讓每一個人可以把自己的存在感受唱出來；因為天道本是無聲之聲，你才有發出自己樂音的可能空間，不然天籟的聲音就會主導並掩蓋天地間所有的聲音了。就是因為它是無聲之聲，你才可以唱出你自己的樂音，不必壓抑也無所保留的、一點也不用隱藏的且是全幅生命展現的顯發自己的生命樂章。

天地有「怒者」，人物有「真君」

我們在人間行走，聽到的是每一個人在唱出自己的心聲，而大地也同時發出萬種不同的真音，天籟是無聲之聲，天籟在哪裡？就在「地籟之和」跟「人籟之真」裡面。只是莊子提醒我們：「是啊，每一個人的生命美好都是自己發聲而有，那請問：音聲的源頭在哪裡呢？」因為沒有氣就沒有風，沒有風竅穴就發不出聲音來，你只是竅，你只是洞簫；洞簫沒有人吹奏只會是一片死寂，要有人去吹奏，它才會發出低沉深藏而如泣如訴的生命樂章。萬竅也一樣，它只是擺出一個形狀，要靠宇宙的長風吹過來，穿越它才會發出聲音來的，莊子最後說「怒者其誰邪？」，一邊說「怒者」，說天道就在那裡，一邊又說「其誰」，說天道只是在那裡，它不主宰，天籟不定音，而讓萬竅發出它自家生命之真實美好的聲音。

其實人體也有萬竅，天地是一個大宇宙，每一個人就是一個小宇宙，甚至每一個細胞也是一個小宇宙。所以天地間有萬竅，那麼人體呢？有「百骸九竅六臟」，一個人不就是一個小宇宙嗎？現在莊子問你一個很好的問題：「吾誰與為親？」你會跟誰比較親？在百骸、九竅、六臟之間，你比較喜歡哪一個？你要跟誰比較親？答案一定都一樣親，再問：「其有私焉？」你會不會私心偏愛哪一個？不用等你來回答，因為一個都不能少，不可能私心偏愛。每一個官能在生理上都一樣重要，所以你不可能私心偏愛。那它們都不能做主，因為大家的身分都是臣妾了——「如是皆有為臣妾乎？」又不能相互取代，因為臣跟妾都是不能做主的，做主的只能是獨一無二的一國之君王或一家之妻室，百骸、九竅、六臟都僅能並列，就只能都是臣妾的身分了。那臣妾就「不足以相治」，不能夠互相統領對方。因為大家身分一樣卑微，大家都不能做主，所以都不可能取代對方。那另外一個可能就是：「其遞相為君臣乎？」那或許是輪流當君臣吧！就像軍隊裡面的值星官一樣。今天胃部當家，只管三餐，那肺部的呼吸、心臟的跳動它就管不了了，所以也不可能是輪流當家。

那麼要如何解釋生命是有機體的統合現象，一定要有一個負責統領的「君」才行。輪流當君臣是不可能的，因為它們各有專司，彼此不相統屬，呼吸系統、循環系統、消化系統等等，怎麼能夠互相輪替又相互統領呢？所以莊子推斷出在「百骸九竅六臟」之上一定有一個無形的「真君」存在——「其有真君存焉！」一定有一個真君，就像在怒呺的地籟、人籟上面，一定有一個無聲之聲的天籟一樣，不然那些聲音從哪裡來？宇宙本來是一片死寂的啊，怎麼突然間「萬竅怒呺」而生機湧現呢？所以在萬竅之上一定有一個發動者的「天籟」，在「百骸九竅六臟」之上一定有一個「真君」，有一個真正可以做主的生命主體。

無形的心引領人生旅程

小宇宙的「其有真君存焉」，回應了大宇宙的「怒者其誰」。「怒者」是宇宙長風的發動者，那就是天籟、天道。「怒者其誰」講這個大宇宙有一個發動者，那麼「其有真君存焉」，告訴我們這個小宇宙也有一個主體，有一個可以當家做主的「生主」。大宇宙做主的是怒者天道，那人物做主的是誰？是養生主的「生主」與齊物論的「真君」。真正可以做主的叫真君，那就是形體之上的心靈。我們的形體有「百骸九竅六臟」，但是真正做主的卻是無形的心；一定有一個心，不然大家都是臣妾，沒有辦法解釋生命的統合一體的和諧現象，生命既是有機的生命體，所以在「有形之我」的形體之上，一定有一個「無形之我」，這無形的我就是心靈真君。

所以南郭子綦想說的是：你剛剛只看到那「有形的我」，說我「形如槁木」，實則你根本就看不到那「無形的我」，又怎麼能夠說我「心如死灰」呢？我的心就像天籟一樣，天籟是無聲之聲，心靈是無形的我；地籟、人籟是有聲之聲，「百骸九竅六臟」是有形的我。你用你的眼睛看我，只看到有形的我；你實在看不到無形之我的「心」。「今者吾喪我」，今天心靈的我擺脫了形體的我，所以你可以看到我好像「形如槁木」，但不要忘記，我這個時候的「心」，可不是「如死灰」的喔，不是心跟形一起往下沉落，形如槁木，即心如死灰；而是心超離形氣物欲，擺脫物累，而自在逍遙。心是真君，一如天籟，是無聲之聲，是天上的聲音，而不是「哀莫大於心死」的那死寂的心。大陸學人馮友蘭解「萬竅怒呺」，等同人間街頭的是非紛擾，那就失落了莊子這一大段的真正意涵了。

在「其有真君存焉」底下，還有一句話：「如求得其情與不得，無益損乎其真。」在這裡「情」是真實的意思，得就是得到它的真實，不得是不得其真實。「求」是你自己去求，就像「反求諸己」是你自己的求，就是我們講求學、求道的那個求。「求」是回歸生命自我，是對存在意義的追尋。不管你是求得還是不得，對它的真都沒有增益，也沒有減損。這裡所說的「情」就是真，指涉的是「真君」。所以真君總是在那裡的，有的人真君不顯，因為他沒有反身而求，他沒有在「百骸九竅六臟」的形軀生命中，通過他的修養，讓那個真正可以做主的心靈來引領他的人生旅程；但不論得與不得，真君總是在那裡的。就像儒家講「性本善」，但是有的人沒有出現善行啊，不過善還是在他的人性中。你通過儒家的修養，通過心的自覺，善性就在心總是透顯善的端倪的當下呈現。你能「求其放心」，「心」來顯發人性本有之善。那心沒有自覺、沒有呈現的人呢？他還是性善啊，他只是沒有顯發出來而已，他變成隱藏性的。道家的天真也是一樣，真君是「心」，可以顯現天生本真的那個天真；就像人籟之真、地籟之和都是天籟在人間的顯發一樣。

得失損益由求或捨而定

所以不管你是求得還是不得，真君總是在那裡，這叫「存有的真實」，我把它解釋成「存有論」。求是指修養修行，你通過你的修養修行，能夠得其情，讓那個真君可以顯發出來。但也可能是「不得其情」，那是因為你不求，不求自然就不得。孟子不也講：「求則得之，舍則失之」嗎？原來莊子也有同樣的心思，因為「求在我者也」，求的主體就在我身上。所以你要自己做主，不得是你自己捨棄不求的嘛。

孟子講的「得與失」，跟莊子講的「益與損」語意一樣，你的得或失，都是由你自己求或捨而定。不過人間福報的得與失，就不只是求或捨的問題了，人間福報是「求之有道，得之有命」。福報是有命的，我們沒那個命，求也不見得就求得來啊！

因為福報涉及到人間有緣的偶然性與複雜性，是「求在外者也」。

說到命，常會聽到這樣的說法：「把一切放下吧，還不是命嗎？」這就是沒有答案的答案，沒有理由的理由。前頭我講的命，說在佛陀跟基督也無能為力的地方，中國人到最後用命來自我救贖，當我們說到「還不是命嗎」，就把它放下了，不然要把它背在身上怨歎一生嗎？「得之有命」，是人間福報所求在外的問題。德行的問題，是「求在我者也」。所以這裡的求跟得，「如求得其情」是你自家的修養，你可以顯現你人生的真實；「與不得（其情）」，不得其情是因為你不求，不知反求諸己。

我們很多人只等福報從天上掉下來，其實福報是要反求諸己的，要從德行上去求的，你有德行才有福報。但是很多人不修德，他光等福報從天上掉下來，也不曉得回歸自己的心，引領人生的修養修行，這樣的人生痛失德行，怎麼可能有福報呢？因為福報的源頭在德行啊，這是老天也不能違背的，這就是民間傳統所謂的天條。（其實老天爺可沒有這樣說，是想當然耳的人文思考。）

本質在「德」，出路在「心」

求就可以得其情，不求就不得其情，但不管你求或不求，得或不得，反正「真君」總是在那裡，這就叫「存有的真實」。「存有的真實」是什麼？天真啊！天真是什麼？天生本真！儒家說人性本善，所以儒家認為每一個人的本性都是善的，而道家認為每一個人的本德都是真的，所以「真」就是生命存在的本質，是與生俱來的「德」，道內在於人的「德」。問題是它有沒有機會在人生行程中顯現出來呢？你有沒有給它機會呢？你有沒有給它空間呢？誰來給它機會？誰來給它空間？心啊！真君是心，真正做主的是心，不是百骸九竅六臟，它們不能做主的，它們只能管自己生理官能的事情，且純任欲求而運作不息。

存在的本質是「德」，底下我們講生命存在的出路。在〈人間世〉篇中莊子藉孔子與葉公子高的對話中說出：「乘物以遊心，託不得已以養中，至矣。」剛剛講的出現了一個難題，我們似乎把「心」跟「形」拉開了，但是生命的實存是心跟形是一體並存的；在修養工夫中分解的說，可以把它們拉開，心暫時擺脫形去神遊一番，但是心神最後還是要回到生命實存的身體裡面，不然就一去不回頭，魂魄在天地間飄蕩了。所以我們要講「乘物以遊心，託不得已以養中」，這個物就是人物的有限性，因為物是你的生理官能欲求，孟子說欲求是小體，它是不自由的，是生存之必要，吾生有涯就在形氣物欲的天生命定。

儒家講「吾心之所不容已」，就是說我們的仁心、道德良心是不容許自己停下來的；講「不容已」就是我的心靈是自由的、主動的，不容停下來的。而莊子這邊講的「不得已」，是你不能夠讓它停下來，天地間自然現象的變化與人世間人際關係的流轉，都在每一當下發生，且是偶然無常的，對我們自身而言，它是「不得已」的，莊子所謂的「事之變」就是「不得已」。儒家的心是自主的，心不安不忍的道德感不容許自己停下來，你一定要愛天下人，你一定要關心社會，不能停的。莊子則是說人世間發生的偶然與意外你不能夠讓它停下來，因為它是人間街頭，是「知也無涯」的執著造作，所拖帶出來的奔競爭逐，是停不下來的啊！儒家說「心不容已」，對比凸顯道家說人間世的「不得已」，前者重在「心」，而後者重在「人間」。

「乘物」就是「心在物中」，此「心」落在「物」中，不是「吾生也有涯」嗎？當然我們希望心可以自在的遊，但是心總是要乘這個「物」去遊出「心」的自在空間吧！心靈嚮往的自由，還是要帶著有限的形體同在並行。但是莊子又告訴你：「託不得已以養中」，所謂以養吾心之「中」，「中」當「沖」解，也就是養吾心的沖虛，雖面對人間世的複雜與變動，吾心仍致虛守靜，在觀照中照現生命存在的真實美好。

我們再看〈養生主〉如斯說：「為善無近名，為惡無近刑。」心知執著善惡的分別是名，而分別所帶來之人為造作的壓力則是刑。無掉心知執著的「名」，就可以免除人為造作的「刑」，有名則有刑，無名則無刑。「心」不僅落在有限的形物中，又得寄身在不得已的人間世界，所以「今者吾喪我」，修養工夫解消了心知的執著與人為的造作，就在「乘物」中「遊心」，即「物」的有限而活出「心」的無限。且人物就寄身在「不得已」的人間，就在複雜多變的人間，涵養心靈的沖虛。心「沖虛」靈動，給出自在自得的空間，物才可能隨心而遊；放下人間世諸多的不得已，而有出餘地閒情。假定心知執著太多，人為造作太甚，你就沒有多餘的空間，那所謂的「遊」，只是「心嚮往之」，卻「不能至」的空想而已！

處境在乘物，出路在遊心

所以儘管「今者吾喪我」，好像有形的我跟無形的我，在修養工夫上拉開了距離，但那是方便的說法，因為二者一拉開的生命姿態就看似「形如槁木」，人家就會誤以為「心如死灰」了。實則說「吾喪我」，所喪的不是形體，而是吾心對形氣的執著與造作所拖帶出來的負累。所以不是「心如死灰」，而是心靈得到了自在的美好。還是乘物，卻有「遊心」的釋放自得。所以通過修養工夫，就可以「乘物以遊心」，依舊心在形中，心可以自在，物也可以自得。

就因心會起執著，執著才氣，執著名利與權勢，所以人會有優越感與英雄氣，會有名利心與權力欲，你的心會被套牢，就憂心、擔心，會有狂野的心、痴迷的心，甚至是冷酷的心。「乘物以遊心，託不得已以養中」，人間回到「生命的實存」。前者是就「有限」的物而活出心的「無限」，後者是就在「不得已」的人間「複雜」中，保住心靈「沖虛」的「單純」美好。讓人物活在人間，從有限活出無限，從複雜回歸單純，讓人生的行程完全翻轉，這就是莊子體悟出來，也是修行而有的生命大智慧。

人生的命運就是你的心總要跟「吾生有涯」的形體貼在一起，又得穿越「不得已」的人間街頭，這在道家來說：「道與之貌，天與之形」（〈德充符〉），形貌是天生的，而百骸、九竅、六臟之上「其有真君存焉」，那也是與生俱來的。現在的問題是：「真君」是無限的「心」，而形貌則是有限的物。〈人間世〉有云：「形莫若就，心莫若和」，此「心」跟「形」是相對的說；〈德充符〉又說：「形有所忘，德有所長」，此「形」跟「德」也是相對的說。〈大宗師〉有云：「彼有駭形，而無損心」，也是心與形相對而說，〈人間世〉又說：「支離其形者，猶足以養其身，終其天年，又況支離其德者乎？」此則「形」與「德」相對而顯。

我們在講生命存在的本質，從存有論來說，是有聲之聲的人籟之真，也就是天道內在於萬物的本德天真；而從活動義來說，生命是一個有機體，百骸九竅六臟之有形的我，要能統合一體，莊子證存了無形之我的真君。「真君」是真正可以當家做主，給出生命方向的「心」。現在我們只曉得小宇宙的真君等同大宇宙的天籟。大宇宙就在天地萬物之上有無聲之聲的「天籟」；而小宇宙就在百骸九竅六臟之上有無形之我的「真君」。那真君到底是什麼？通過「託不得已以養中」來看，「不得已」是人間的複雜性，心寄身在發生的偶然與際遇不定間，來養「心」的沖虛，以安頓生命自身。沖虛的心化掉了複雜，就在單純中「心」自在而「物」自得。

就在人物有限、人間複雜中，依據天生本真之存在本質的「德」，與真君之生命主體的「心」，為人物走在人間的人生路上，找可能的出路。「有駭形」是形體會有變化，「無損心」是心不可與之然。且「心」可以啟動「支離其形」又「支離其德」之形德同時放下的修養工夫。

活動義是心，存有義是德

在「形與心」與「形與德」的對顯之間，生命的本質在德，而能解消心知執著與人為造作，能「支離其形」又「支離其德」，讓「形有所忘而德有所長」的生命主體，與能「形莫若就，心莫若和」且「就不欲入，和不欲出」的發動者，一定是真正能為生命做主的「真君」。

所以生命的本質是存有義的「德」，而打開出路的則是活動義的「心」。「吾生有涯」的人物有限，與「知也無涯」的人間複雜，在「以有涯隨無涯」的人生行程中，就不免於「殆已」的終局宣告。還好形之上我們還有「心」，與天內在於人之天生本真的德，莊子說心形相對，又說形德相對；那「真君」到底是「心」還是「德」呢？

這個是哲學問題，因為它有兩個可能，〈齊物論〉只講「真君」，「君」為生命的主體。再看〈人間世〉、〈德充符〉、〈大宗師〉這幾篇，莊子一者心跟物一起說，二者形與德也一起說；存在的本質在天生本真的「德」，出路則由生命主體的「心」擔負。不要在形體找出路，不要在形體找長生不老，或青春永駐的妙方，那是不可能的命限！所有的工夫都在心上做，存在的本質在存有義的「德」，出路則在活動義的「心」。在人物有限與人間複雜的兩難中，心解消執著造作，保有本德天真，人生就不會落在「乘願而來」，卻劫數難逃的困局之中了。

原來我們人生的出路就在心；人生就是無限的心帶著有限的物，心一定要面對人物的有限，心也要解開人間不得已的複雜；所以每一個人都要做修養工夫，由「心」做主發動，為生命打開出路，此所以我會說活佛轉世也要修行，且從童年就不斷的往上走。人生還是得面對在時間中老去的此身，面對複雜多變的人間世；普渡眾生何其艱難，倘若救不了自己，怎麼可能救眾生？所以真正的救世主是帶大家修養自己有限的物，再穿越複雜的人間，要先忙著救自己，再進一步救眾生！除非他沒有這個有限的形體，除非他不在複雜的人間世。所以我們拜的都是沒有形體，也不在人間的神佛，因為只有他們才有空間、餘地來關心你，來拯救你；不然的話，每一個人都陷落在他自己的苦難中，還有什麼餘力可以救天下人？所以修行是「修自己的行」，養自家的「心」成自身的「德」。都是各修各的，各信各的，各了各的，各成各的。

形體之上可以為生命做主是主體的心，天內在於人的是存有的德，生命存在的本質是內在於人的「德」，而「心」是主導生命走向的真君，這是存有的真實；心總得寄身在物形中，出路就在「乘物以遊心，託不得已以養中」，涵養吾心的沖虛，帶著有限的物遊複雜的人間，這就是即有限而活出無限，化複雜而回歸單純的生命出路。

孟子從心說性，荀子析心性為二

通過宋明儒家程朱、陸王兩大派的哲學問題來討論，在儒家講到「心」跟「性」的時候，就出現這個問題：心、性是一還是二？因為儒家講心又講性，孟子講「盡心」，《中庸》講「盡性」。在孟子來說，心性是一，他從心說性，所以心跟性是一。在荀子來說，心跟性是分離的，因為他主張性惡，要靠心來起偽化性；他講性惡論，一切的善都是人為而有，這是〈性惡篇〉的第一句話：「人之性惡，其善者偽也。」心虛靜可以知道，可以偽起而生禮義，且起偽以化性。所以荀子的哲學析心性為二，孟子的哲學心性是一。

講性善論的人比較簡單，像孟子，像陸象山、王陽明，一定是心性都是理；講心性是二的是荀子，往下開展則是程朱，性是理而活動的心是氣。這是中國儒學的兩大系統——孟子學跟荀子學，一個重先天的性善，一個重後天的人為；一個講孔子的仁，一個講孔子的禮。孟子顯發孔子「性相近」的人性本善，荀子開展孔子「習相遠」的「偽起而生禮義」。這兩家都往前推進一步，卻只偏於一邊，而孔子則是一以貫之。

性是存有義，而心是活動義。依牟宗三大師的說法，陸王心性是一，不止性是理，心也是理，是謂「即活動即存有」，心的活動即顯發性理的存有。程朱析心性為二，性即理，而心不是理。性的存有是理，而心的活動則是氣，是謂「只存有而不活動」。莊子「求」是「心」的活動，「得與不得」說的是存有的「德」。心的求是一個主體的活動，求一定得，不求則不得，不論得或不得，本德天真的人性存有總內在於人，所以對「德」而言，是沒有增益，也沒有減損。故謂「無益損乎其真」。莊子一如老子，是由「心」的虛靜，照現天生本真的「德」。

修養的是「心」，而朗現的是「德」

儒家說是「性」，道家說是「德」！所以儒家講天跟性，《中庸》不是講「天命之謂性」嗎？道家講「道生之，德畜之」（《道德經》五十一章），所以儒家性的分位等同道家的德，而心是生命的主體，通過主體的心引導生命的走向，你才能夠顯現生命本質的「德」。老子云：「致虛極，守靜篤，萬物並作，吾以觀復。」工夫在心上做，心虛靜如鏡，並作的萬物就在吾心的鏡照中，回歸他自身的本德天真。天生本真的存有是德；心的虛靜就可以照現自家的本德天真，天真是存有義的德，還是要虛靜心來照現，這也是活動義的心照現了存有義的德。

所以生命的本質在哪裡？在天真啊！出路在哪裡？找回失落的天真啊！這就是「吾以觀復」的「復」。這樣的出路誰來打開呢？心靈來打開。心靈能否打開生命的出路，關鍵在哪裡？關鍵就在你的心會不會起執著，而失去「心」在觀照中，把失落的天真照現回來的作用。無限的心落在有限的形體，形體是限制，問題在光采亮麗也在形體；發光發熱都在才氣，所以要「乘物」；再說人間是複雜，卻也是生命的舞台，出將入相，內聖外王都是寄託在這一「不得已」的人間舞台演出。不過別看它是「乘物」、「託不得已」，名士的生命、俠客的生命都是從人物發出來的，什麼數學家、物理學家、生化學家、哲學家、詩人、畫家，全都是一號人物。只是他們都有一個「心」在那裡，心在打開那個出路。當心打開了出路，生命的燃燒就會有出價值意義，就有無限寬廣的空間；不然的話燃燒完就沒了，那叫悶燒，悶燒就變成垃圾場。人生可不要變成垃圾場。真正生命的燃燒叫「薪火永傳」，或香火永傳。

所以生命存在的本質在哪裡？在天生本真的德！出路在哪裡？由心靈來開拓。人類共同面對的問題在哪裡？在形體的拘限。形體把你困住，人間街頭把你卡住，所以你要做自己的主人，也要穿過人間街頭，你要乘物，要託不得已；你要照現自家的天真，把失落的自己找回來。你要先穿過無所逃又不得已的人間複雜，通過心靈的開發，照現人間世界的真實美好：人是真人，人間有真情，而世界顯真相，就是從本質出發、主體帶動的生命出路。

解消有限性，化掉複雜性

所以下一章就要面對形體的有限性，實則問題的癥結不在形體，也不在無所逃的人間世界。癥結在「心」，「心」有「知」的作用，而本質在執著。表而看來人的心靈被「生也有涯」的形體困住，人的一生也在「知也無涯」的人間世界爭逐名利奔競權勢，實質上是心知執著人物的才氣，也執著人間的名利跟權勢，心知執著是困，人為造作則是苦，老子說心要致虛守靜，可以觀照自家的生命與人間的景象，「萬物並作」的「作」，是人為造作，「吾以觀復」的「觀」，是靜觀，「復」是從人為造作的迷失中，回歸天真的自得，這就是程明道所說的名句：「萬物靜觀皆自得。」

就莊子來說，人籟的真實與地籟的和諧，一體朗現，這就是天籟的開顯。這要通過虛靜「心」的觀照，才會把人物的天真與人間的和諧，從失落中看回來，通過虛靜的心，「德」才會被照現。通過心去「求」，「得」的就是「德」，德的顯發就是生命存在的本質朗現；而心的自我回歸與自我超越，就是生命的出路。總之，打開出路的主體，就在我們的心。

如是，就莊子而言，人生是「乘」物的有限，而「遊」心的無限。是「託」身不得已的複雜人間，而「養」心靈沖虛的純真生命。

第三章

心齋與坐忘的修養工夫

「齋」是通過「心」去做工夫，不是光清口，根本在清心，所以說是「心齋」。「心齋」就是「心」不與之然，那隨「成形」與「形化」共舞的心，就從執著形體的負累中超離。一定要在「心」上下工夫，不然你的心會起執著，執著墮入痴迷，痴迷帶來熱狂，熱狂之後轉成冷酷。老子說「致虛極，守靜篤」，心致心的虛，心守心的靜，致「虛」把執著而來的痴迷熱狂化掉清除，且給出無限包容的空間，可以包容跟自己立場有異而觀點不同的是是非非。

上一章講生命存在的本質在「德」，而出路在「心」。生命存在的本質是我們的德，而德是從道來的。問題是人性的「德」跟「形」是一體不可分的，所以要「形有所忘」，「德」才能有所增長。這好像是天平的兩端，你太強調形，德的分量就相對減弱；所以一定要把形的分量削減，德的分量才會增長。而工夫要在「心」上做，出路是要靠心來打開，所以「心」跟「形」也對列而顯。

形有所忘，德有所長

存在的本質在德，而出路是通過心來打開的；那就是所謂的「乘物以遊心」——「物」就是我們的體魄、形貌與才氣性向；而可以遊的「心」是不執著無分別，可以自我釋放，給出自在的空間。又說是「託不得已以養中」，形體是有限的，人間是不得已，且是無所逃的；「吾生有涯」，是天生命定的有限性；「知也無涯」，是人間發生的複雜性。二者就是生命存在的困苦跟難關。問題的癥結就在「心」，「德」就在「形」中；所以你要活出生命的本質，活出本德天真來，回到天生本真的人性來。而天真本德要通過虛靜心的照現！

所以出路是從「心」打開，工夫總在「心」上做。因為心有知的作用，知的本質是執著，「心」知會執著形，所以要「形有所忘」，此之謂「支離其形」；「心」知會執著德，禁閉德，所以要「德有所長」，此之謂「支離其德」，上下兩支離都從「心知」說，「支離」就是不執著而放開，讓形回歸形的自在，德回歸德的自得。

「成形」與「形化」

困苦就在那裡，難關就在那裡，父母生成而不可重來的，人間發生而不能讓它不發生的，這就是存在的真實。「不亡以待盡」，身體總是有它的年限，這百年大限就是形體的有限性。所謂的不得已，就在不能讓時間停止不動，而形體總在歲月中老去。所以從形物來看第一個問題是「成形」，就是成了一個我在這裡，長相才氣已經定了，這就是「命」，這個人的命運已經定了叫命定。莊子講命則是從「子之愛親」說的，命從何處來？從父母來。那我們一生最愛誰？最愛父母，而愛從自家的心生發出來，是不可解，也是解不開的。此所以「愛親」就是「命也」。

莊子講的命比儒家還儒家，他直接從「子之愛親」說命；儒家的觀點本來是說：我這個人的才氣性向與長相身材是父母生給我的，所以我就認了這個天生已定的命。父母生一個命給我，天生已經定了，是「命中注定」。命中注定沒有什麼不好的意思，我一生的未來是命中注定的，身材長相與性向才情就從遺傳基因來，所以我是祖宗的傳承者。莊子說「成形」就是天生命定，也就是我只是我，我不可能是別人。

第二個是「形化」，形化就是少年的我會長成中年的我，中年的我會轉成老年的我。所以這樣的由成形且形化，就成了存在真實的兩面，倘若你的心知去執著它——「其心與之然」，你的心跟它一樣「成」，一樣「化」，「之」指涉的是成形跟形化。心知起執著也帶動人為造作，就會有是非的分別與紛擾：人我形相才氣不同，執著是把標準定在自家的身上，造作是責求天下人合乎我的標準。跟我一樣是「是」，跟我不同者是「非」。所以人間的是非就此無窮無盡，像民主體制之下，政黨之間爭取支持的競選活動，你說人家中古貨，人家就罵你老番癲。

莊子進一步說爭逐名利與奔競權勢，是人我之間心知的執著分別，而有「是非」的爭端，並引發「與物相刃相靡」（〈齊物論〉）的紛擾，因為人我之間的相互競爭，總是要分判是非的。「成形」帶出「是非」之分，「形化」則引生「死生」之別，「死生」是生命自我的事，「是非」則是人我之間的事。形化有少中老的不同階段，而成形就有你我他的相對區分。人活一生要懂得內斂涵藏，不要走上「物壯則老」的不歸路，而有「不道早已」之「中道夭」的無言結局。是非是要分判我是他非，所以擠在人間街頭而「與物相刃相靡」；「死生」則從人間街頭的虛妄，回歸生命自我的真實，此生不要老跟天下人拚個你死我活，要懂得急流勇退，多陪家人，把時間還給自己，為自己活出生命的美好時光。

人我不同有出是非，生命老去逼出死生

人要證明自己是對的，你的對就要逼出別人的不對；所以對方也要有自我防衛的回應，他也要說他對，而你不對。人我之間沒完沒了的是非爭端一直在人間演出，死生是每一個人自己的事情，就像青春亮麗是老天給出的禮物；每一個人都有少年十五二十時，大家一起青春，一起好看的璀璨時光；中年人就不行了，有人在民主選舉中當選，其他人就落選了，當真是一家歡樂幾家愁啊。不像青少年一起青春，一起好看，一點問題都沒有。但中年人的名利權勢是你有我就沒有的遊戲，此謂「與物相刃相靡」。這個「物」是指天下人，大家一起出刀，且希望對方倒下，這是挑戰賽，也是淘汰賽。

剛才說生命存在的本質在德，出路在心；所以「其心與之然」，問題就出在這個「心」；物只是一個寄身的地方，它誠然會由成形而命定，也會在形化中老死，但是問題不出在成形、形化的本身，而是出在心知的執著。因為心會執著形體，而且感傷

自身的變化——人喜歡少年的我，而不喜歡中年的我；會喜歡中年的我，而不喜歡老年的我。這就是「其心與之然」。人總是由成形而來到人間，總是會在時間中因形化而老去；一個是天生的命定，一個是不得已的無所逃。問題是心知為什麼要去執著，而形體也隨之起舞呢？你的心與它同步，與它共舞，這樣一來「心」就落在「與之然」的境遇中。所謂的困苦跟難關，就在「心」會在時間之流裡，跟著成形與形化一路滾下去，所以修養的工夫就在心不隨成形與形化而滯陷。

成形得認命，形化要隨緣

我講人物有命，天生命定就認命，認了就沒有問題了，我認了就不會自苦了！也說人間有緣，不是緣起不定嗎？那你就隨緣嘛，十八就十八，八十就八十，隨著時間走，而活出那一階段的好。所以說隨緣就是善緣，而認命就是好命。問題就在當下解消掉。本來問題就出在心停留在十八歲，而拒絕八十歲，心執著某一名人的形相，想成為古往今來所有第一流人物的優越：身材要像誰，面孔要像誰，魔鬼的身材加上天使的面孔，希望像那個電腦組合的一樣。把幾個最受歡迎的明星，放在一起組合而成，希望自己會成為最受歡迎的人物；這也算是另類的「其心與之然」。

關鍵就在心跟自己過不去，不是要認自己身體嗎？認了命就好了，不只認成形的我，且與形化同步，與時俱進，「化」也就不成問題了。問題是自己的心抗拒，一心只想要認普天之下條件最好的那個命，卻不認自己父母給的這個命。既然不認，只好去「算」了，所以許多人算命是因為不認命，而且請別人來算，意味著自己不敢面對，也不想負責，那再好的命也就沒了。此外，很多人也不願意隨緣。隨緣就跟著時間走，也跟著潮流走，結果你還是忘不了當初的好，念想舊時的獨特氛圍，心放不下，人也走不開。

所以難題依舊在：成形帶出來的是非與形化逼出來的死生。存在處境是在「成形」跟「形化」，而困苦跟難關就在「是非」跟「死生」。存在的真實就在此。心知一執著，就會落在是非的對抗中，人為一造作，就落在死生的陰影籠罩下。是非的對抗，莊子用「與物相刃相靡」這麼嚴重的話來描述，我們要絕對優勢，絕對領先，不給對方空間，不給對方下台階；最好技術擊倒，把對手擺平，自己高舉雙手，勝利歡呼，這就是「與物相刃相靡」的實境描述。所以關鍵在這個地方，這叫人為造作，從心知到心執，從心執到心結，「結」會傷到自己，因為心「結」是永遠解不開的「憾」，而「憾」是癌細胞，會吞蝕活生生的生命。

而死生是最後也是最大的難關，真的是天涯此去，不知何處歸程，更是「黃泉無客店，今夜宿誰家」，那是無盡的想像，也是無邊的恐慌。所以道家要說，「不死」之道何在，就在「不生」。根本沒了「生」的執著，「死」就不能壓迫我們了。請不要忘了老子說的話，「死而不亡者壽」（三十三章），死不死是「身」的事，而「亡不亡」在心。

在「心」上做「齋」的工夫

所以〈人間世〉講：「天下有大戒二，其一命也，其一義也。」天下有兩大難關，前者不可解，後者無所逃；這就是所謂難關的「戒」，問題彌天蓋地，「心」怎麼過得了？如果「心」仍與之「然」，那就過不了關。此所以要做「齋」的工夫，在〈人間世〉直接講「心齋」，「心齋」就是在「心」上做「齋」的工夫。本來說是「戒」，而後才說「齋」的，因為難關在這裡，所以要「齋」。否則你的心會執著，執著就會痴迷，痴迷就會熱狂，熱狂之後轉成冷酷。所有的痴迷從執著來，熱狂從痴迷來，冷酷更是直接從熱狂來，所有宗教跟政治的狂熱最後一定走向冷酷，冷酷會使人生從「生成」變質而為「毀壞」，所以政治或宗教的迫害，甚至屠殺是很恐怖的。

我們要痛定思痛，在政治的意圖或宗教的信仰，絕對不可以走向狂熱，狂熱之後就是冷酷了。所以老子說：「馳騁田獵，令人心發狂」，又說：「難得之貨，令人行妨」（十二章），心一狂熱，就轉向冷酷，冷酷走上獵殺，活都活不下去，行妨就是妨害了活下去的可能空間。

困苦跟難關都在「心」上形成，我們在心裡面蓋一個監牢，把自己禁閉在裡面，再數說人生有多苦；這是最嚴重的心靈自我的禁閉症。在心裡搭違建，說好聽叫圍牆、城堡，好像是保護自己，實則把自己封閉在裡面。看似安全，實則跟人群隔絕。「心齋」工夫，就是要拆掉那堵圍牆，拆掉那座城堡，拆掉那個金鐘罩的護罩。你用金鐘把自己罩住，好安全喔，因為別人的火力攻不進來，但是你有沒有想過，你也把自己禁閉在裡面了，金鐘好幾百斤甚至上千斤之重。有金鐘把我罩住，看起來安全了，刀槍不入，但是生命也被悶死在裡面。所以練金鐘罩的人一定要練一個罩門，留一個通氣孔作為出路，那個是你跟世界的通氣口。問題是罩門也是最弱的地方，只要對方知道你的罩門在哪裡，那你大概沒救了，因為全身的弱點就集結在那個罩門。

心虛靜如鏡，觀照萬物

所以真正的困苦難關在「心」，儘管問題出在「形」的有限性，可「形」就是存在的真實啊。心執著形，反而跟自己過不去——「其心與之然」，所以心要做齋戒的工夫，就是不讓自己與之然，不讓自己與「形」之「成」或「化」共舞。

心會起執著，而形體其實是自然的給與，童年天真，青少年浪漫，青年理想都很美好，每一個階段有每一個階段的好，都有可觀之處。問題出在「心」，所以「心」要做「齋」的工夫，你就把心知的塵垢清洗了，而歸於虛靜。如同老子所說的「致虛極，守靜篤」；心致心的虛，心守心的靜，「虛」的功能把執著而來的痴迷熱狂化掉清空，且可以有無限的包容，心「虛」之後歸於「靜」，虛靜如鏡，可以觀照而照現萬物，且照現等同生成，把在人間街頭相互牽引而同歸沉落的萬物，照現回來，也重新活回來。心清空之後，如同道體的「無」，可以奧藏萬物。做了心齋的工夫，一者可以把心累積的垃圾清除掉，二者可以包容跟自己不同的天下萬物。

這樣心就顯發「觀」的功能，觀是「吾以觀復」的觀照作用，也是觀自在、觀世音的那個觀。這個觀不是肉眼的看，也不是心眼的看，而是道眼的看，可以看到真相也朗現真情，在觀照之下，有真相、有真情，人固自在，世音也一體併現而同歸和諧。觀世音如同地籟之和，觀自在如同人籟之真。道家義理，天生本真是天真，「道生之，德畜之」，道生萬物，德養萬物，萬物以道內在於萬物的「德」，作為活出美好一生的資糧，可以保住一生的天真，所以也說本德天真。倘若在形化與成形中，

「其心與之然」，心中只有俗染塵囂，天真就會在心知執著與人為造作中失落。

所以心齋就是心靈的自我釋放，虛靜觀照而照現真相，且活出真情來，做個真人而朗現天真本德，那就是佛說觀自在也觀世音之照現人間的一體和諧了。

觀自在是人籟之真，觀世音是地籟之和

心虛靜觀照世界，就有自家的世界觀，觀照人生就會有自家的人生觀、價值觀，就在觀世音之中，也觀自在，世音就是整個天地萬物都在那裡發聲，莊子說是「地籟」之和，觀自在莊子說是「人籟」之真。而般若智之「觀」空而轉識成智的本身就是無聲之聲的「天籟」。一如道體之又有又無，就是給出萬物「咸其自取」的空間，而自身乃「怒者其誰?!」之歎號的「有」，又同時是問號的「無」之二而一的「玄」，而「玄」妙出了人籟之真的生命樂章與地籟之和的大地交響樂，這當該是佛門觀世音與觀自在的真諦吧！

這個「觀」很重大，我們說人一定要有世界觀、宇宙觀，就是一眼看到世界的真相與美好；也要有人生觀、價值觀，要一眼看到人生的真情與美好，不然人間只剩下勢利眼，剩下無可奈何的冷酷現實了，那人生只有無奈的面對無所逃跟不得已的逼迫

而已，毫無希望，也毫無前景。此所以我們要回歸存在本質的「德」，一定要在「致虛守靜」下工夫去開顯「吾以觀復」的境界。若僅落在形氣求發展，那就落在「成形」與「形化」的限制與變動中打轉！

千古下來，普天之下的每一個人，處境都一樣，我只是我，且在歲月之流中老去。這樣的生命歷程是往下掉的，所以一定要回歸存在本質的「德」，去展開人生的進程。問題在，「德」就在「形」中，關鍵在活動義之心靈，而心知又會起執著，而有「成形」的是非之分，與「形化」的死生之別，這叫「其心與之然」。「心」不照現「德」，反而執著「形」，一起落在人生的困苦難關之中，把自己禁閉在心知的監牢裡受苦受難，跟自己過不去。所以這個時候要在心上做工夫，做心齋的工夫，心歸於虛靜，使心的作用就像一面大鏡子一樣的觀照，那你就能觀世音、觀自在了，照現「地籟之和」跟「人籟之真」了。

「耳止於聽」僅是浮面表象

我們把是非跟死生凸顯出來，而它是由心知執著「成形」跟「形化」而來。再來解讀〈人間世〉的第一大段的「心齋」，孔子教導顏回說：「無聽之以耳，而聽之以心；無聽之以心，而聽之以氣。」本來應該講「觀」，這裡卻用「聽」字，因為老莊虛靜心講觀；佛教般若智也講觀，而「觀世音」應該說「聽」世音才對，卻偏偏來一個「觀」世音；這邊一如〈齊物論〉用「聞」，〈人間世〉卻用一個「聽」。實則，這樣的聽是天聽，那樣的觀是道觀——用道心來看，用天聽來聽。

說到這裡，一定要講到〈齊物論〉的「天籟」、「地籟」、「人籟」，「地籟」就是世音，「人籟」就是自在。但是世音是要聆聽，卻說是「觀」，所以佛門道家講觀是相互呼應，且是一貫的。既然說是「天籟」、「地籟」、「人籟」，所以用聞來詮表。人與世界的接觸，有三層次的區分，第一個層次是用耳朵聽，耳目官覺嘛，所以耳目是可以一起說的，「口之於味，目之於色，耳之於聽」，都是感官，或叫官覺，官覺構成印象叫官覺印象，或說是感官經驗，因為你感官看到的是現象——「現」在我們眼前的「象」；你看見聽聞的都叫現象，這個是你跟世界最直接的接觸，你看到它了，你聽到它了。官覺印象是浮面表象，因為它還沒有進入到你的心裡面，它留在前五識，在隨緣起現的變動中，片刻不停留，剎那間生滅。所以不要只用你的耳朵聽。

底下孔子說：「耳止於聽」（原文是「聽止於耳」，當是「耳止於聽」，意思才顯豁），因為耳朵充其量只能聽取外面的聲音，你不是發動者，你只是接受者；人家有什麼聲音，你就聽什麼聲音，人家給你什麼報紙，你只好看它報導的訊息，人家電視怎麼轉播，你就怎麼接受那個現場。所以大眾傳播變成一個新的專制獨斷的極權機構，全世界看轉播，全球人類聽報導，形成一種新的宰制，來自大眾傳播的宰制；因為「耳止於聽」啊，耳的功能就是充其量只能聽，沒有反思的能力，只有接受，而且是人家選擇給你聽什麼，人家決定給你讀什麼，灌輸哪一黨團或哪一流派的觀點，或是哪一意識形態的評論。這樣是很方便，「不出戶，知天下」，但毫無品質，這是層次很差的「知天下」。

要用天道、用心來聽

老子講的「不出戶，知天下」不是這個意思，他是說用天道來聽的，而不是被大眾傳播媒體所宰制的那個聽，不是我足不出戶，每天在家看新聞、看電視就好了。每天家中坐，實則禍從天上來，大眾傳播進入你的客廳，你的兒女不是受你的教育，而是電視在薰染，爸爸媽媽當教授也沒有用，因為有一個無所不在的超級權威。你的耳朵只能聽，它沒有反思的能力嘛。那心呢？「心止於符」。

「無聽之以耳，而聽之以心」的理由，就在「耳止於聽」，你一接聽認取就跟著外面的聲音走掉了，被牽引而去；因為外面的聲音跟景色會把我們的生命拉引出去，所以莊子加一個「無」——請不要用你的耳朵聽。那用什麼聽？用心來聽！因為回到你的心裡面就比較深入，感官印象都是很膚淺的，所以有時候人家問我們，都沒有印象了，會淡忘的。平時你在街頭行走，回去家人問你今天看到什麼？你實在一句話都講不出來。看到什麼？看到台北，好多人喔，好擠喔。再來呢？我好累喔，就趕緊回家，這樣而已。因為感官的印象不作停留，它留不住的，因為它在變動中，所以你不會覺得珍惜；因為每一分每一秒都在上演，每一分每一秒都有不一樣的版本，你何苦要記得上一秒？這一秒不是又來了嗎？但進入心就不一樣了，它會印象深刻，心又叫心版，我們的心會刻版，每天會寫日記在心裡面，心記下來，就開始期盼等待，要求明天要跟今天一樣好，明年要比今年更加好，這叫「心止於符」。

「心止於符」有如畫符鎮邪

假定以今天西方的知識論來說，就是：你的心要符合實在，我的心知（知識概念）要跟外面的實在（指客觀世界的經驗現象）符合相應。譬如說我的心裡面有一個認知，而我的認知要跟世界的真相符合，這樣認知才不會產生誤差，構成一種錯誤的認知。所以「符」就是我的心知跟物象符合。在西方的知識論是這樣解釋，而很多解莊子的當代中國學人也採取這個解釋；而這樣解釋跟莊子思想是不相應的！那應該怎麼理解？「無聽之以耳，而聽之以心」，不是從外在物象的牽引而回到自己的心嗎？問題是你的心會起執著。心本來有認知執著的功能，心會認知，心起執著，心可以知善知美，心也會執著美執著善，心一「執」氣就「著」了──著就是你的形氣隨著心的著跡而滯陷，定死在那裡。

心本來是很靈活的，很生動的，叫做「真君」。但是當你「聽之以心」──聽到外面的聲音，你把它放在心裡面，刻在心版上；你已經知，而且執，再下來就是著了。而著跡再下降一步就是滯陷，也就是在固著中僵化；那麼你的心就定死在那裡了。因為就不能動了嘛，不生動、不靈活、不再有靈感創意嘛。這樣叫「心止於符」。什麼意思？就是你的心知最大的功能就在要求別人符合自己心中執定的標準。

在西方知識論是我們心知的概念去符合外在的物象，心的知識概念跟外在物象是符合的，這是西方的認知理論。但是莊子的「心止於符」要通過價值論來理解，老莊講的知，跟佛教講的知，都是執著，執著就落在價值論來說，而不在知識論說。你的心執著一個標準，心知要求自己，要做到什麼程度才覺得滿意？心知也依據自己執著的標準，去責求天下人要符合我的標準。「心止於符」。你會要求你的親人朋友符合你心裡面所執著的標準，這樣你就迫使你的親人朋友受苦受難；因為你不只是把自己禁閉在裡面，你也把一家人都禁閉在你心知執著的圍牆城堡中了。

我們不要忘記下一篇叫〈德充符〉，〈人間世〉的「符」是符合——符合我的標準；而〈德充符〉的符是從「才全德不形」說的，「德不形」是解消自己的執著，「才全」是存全天真，無心自然可以符應天地萬象。也就是「德充於內而符應於外」的意思。

愛的期許等同劫難

所以底下說：「無聽之於心」，因為用心去聽就轉成主觀的執著。你自己陷落也就算了，還要求別人跟著你陷落——所有的老師都要求學生合乎自己的標準，父母要求兒女符合自己的標準，政治人物要求百姓符合自己的標準。那學生、兒女、百姓呢？真要符合你的標準，他們就受苦受難了。而且在那個標準的背後通常是以「愛」做號召，用愛喊出來的，說：「我愛你，我希望你更好。」

那「好」誰來定？我定！所以你一定要像我心裡面所想的那麼好！因此他就開始失落自己，他就流落天涯，每天為你執著的好而奮鬥一生；哪一天爸爸媽媽不在了，他還是覺得遺憾，還是覺得對不起父母親，因為沒有完成他們的心願，沒有唸醫科。有的家庭真的是這樣，我就有爸爸是醫生的同學，他在求學的過程中堅忍不拔，一心只想達成爸媽要他做醫生的心願，現在他當上醫師了，而爸爸媽媽卻已不在了。這就是「心止於符」的直接寫照。

所以愛的威力無邊無際啊，你不在的時候，那個愛還深植在兒女的心中，但卻是一輩子的苦難。我們不是「乘願前來」嗎？結局卻是「應劫而生」。我常常這樣說，原來自己的「願」竟成人家的「劫」，很不可思議吧？你當然有很多心願，那人家的劫難可就沒完沒了。

愛的合理化是專制獨斷

「耳止於聽」，只能被動的接受；到「心止於符」，心就開始執著你所聽到的，就停留在今天執著的這個標準，且要求日後的每一天都跟今天一樣。情人間互相的壓力就是從這邊來的，「怎麼你今天講話的語氣跟昨天不一樣？怎麼你今天的眼神跟前天不一樣？」哇！那慘了，我怎麼記得我昨天的語氣、我前天的眼神，而在那邊想像我的昨天跟我的前天到底是以什麼姿態出現，你又沒有照相錄影存證，不然我還可以依樣畫葫蘆重演一回。所以你的願就是人家的劫，不然我憑什麼說「乘願而來，應劫而生」呢？這一定要有老莊跟佛陀的智慧，你才會懂得這句話。

願的背後是愛心做支撐，我愛你，然後一切都合理化了；我愛你，所以我都是為你好。好由我來定，那對方怎麼辦？得一生符合我的標準，這叫「心止於符」——自我中心，自我膨脹，而迫使別人自我萎縮，自我流落。

所以莊子說：「無聽之以心，而聽之以氣。」什麼叫「氣」？他說：「氣也者，虛而待物者也。」這是莊子下的定義，不太好解，因為他只講這樣一句話而已。我是用「無聽之以心」來解「聽之以氣」——不要用你的「心」聽，而用你的「氣」聽。因為心是有心，那一定會起執著；所以你不要用「有心」去聽，而用「無心」聽。因為有心會刻在心版上，心就會有千千結，因為你會記得，也會責求。

從儒家來說，心有反思的能力，所以你會知道對不對；孟子說：「耳目之官不思」，因為耳目官覺沒有反思的能力，耳目也不能夠選擇它要聽什麼、看什麼。孔子說：「非禮勿視，非禮勿聽。」那是通過心來決定要不要聽、要不要看；非禮與否心才知道。心在那裡，就知道什麼是非禮，非禮就不要看、不要聽；耳目之官本身不知道，還好有良知，有仁心。所以孟子說：「心之官則思。」心之官有反思的能力，有分判是非的能力，這叫良知良能。所以心在那裡，就知道什麼可以看，什麼可以聽。

「聽之以氣」是用「無心」聽

莊子講的「聽之以心」，不是儒家的良心，而是會執著、會記得、會痴迷、會狂亂、會暴裂的心；所以要「無聽之以心」，因為心會起執著，會藏在心裡面，會責求日後的每一天都要跟今天一樣，要求天下人符合我執定的標準；那就給自己也給別人壓力。所以「無聽之以心」的心，是會起執著的心知，跟孟子「心之官則思」的良心，是完全不同的意涵；因為就孔孟來說，良心就是天理。所以天理良心就是德性主體，它會反思，分判是非對錯。

老莊、佛門講的心有「知」的作用而本質是執著，心一起執著，就成了分別的心，比較的心，得失的心，迫使生命落在患得患失的無邊憂患裡面。所以才會說不要用心去聽，因為你的心會起執著、會有分別，會比較得失，且會患得患失。而「聽之以氣」，這個氣指涉的似乎是形氣的氣，就從「無聽之以心」的修養工夫，來理解所謂的「聽之以氣」，依我的理解，「聽之以氣」就從「無聽之以心」來界定，因為不要用心去聽的理由就在心是有心的心知，而有心的心知，是執著分別的心。故「而聽之以氣」，可以通過「無心」的觀點與照現來界定這個「氣」。

整句貫串下來，不要用「有心的心」去聽，而要用「無心的心」聽。無心的心不起執著，不會造作，而執著的是人物的才氣，與人間的名利，心是無心，就不會「心使氣曰強」（《道德經》五十五章），也不會「強行者有志」（《道德經》三十三章），可以「虛其心」、「弱其志」（《道德經》三章），而釋放了被執著被鼓動、被禁閉被宰制的氣，氣被釋放了，回歸氣的自在自得，而融入天地一氣之中，所以莊子〈大宗師〉說「遊乎天地之一氣」。

「虛而待物」是無待逍遙

那什麼叫「待物」？這個是很好的比較，孔孟講到有心就是最高了，老莊就一定要講到無心，因為老莊的有心就是會起執著的心知。孔孟的有心，是指涉良心天理；但是在老莊禪宗來說，有心就是執著。所以你不要用你的心聽，要用氣來聽；「氣也者，虛而待物者也。」

人怎麼能夠要求天下人服膺我的標準？我的耳朵充其量只能夠聽取外面的聲音，故要從「聽之以耳」進至「聽之以心」；而心知的作用，充其量是責求別人符合我執定的標準，此引來太大的紛擾，甚至迫害天下人，故再從「聽之以心」，而升進「聽之以氣」。「氣」的層次本來在「心」之下，與「聽之以耳」層次等同，故「聽之以氣」的「氣」要從「無聽之以心」來理解，也就是用「無心」來聽，這正是「虛而待物」的意思。無心是虛，「聽」等同「待物」，「待」看似對待，而心虛了自己，那無心的待，也就是無待。無心則是超離在物之上，故「待物」是以虛靜心來「觀照」物，而觀照物是照現物，照現等同生成，故釋放氣等同生成氣，也就是「氣」回歸它自在自得的真實美好。

倘若停留在「聽之以心」，而「心止於符」，心知執著責求天下人要符合自己的標準，所以自家的愛都成了別人的劫難。要真正愛對方，就要看到對方的真實美好，這叫「成全」。所以觀照一定是「照現」，「現」是把對方的美好顯現出來，把人間世界的真相顯現出來；而不是讓天下扭曲變形，讓天下人委曲壓抑，只能退藏在自己內心的角落裡，那不就是傷害人間、傷害天下人之最大嗎？

由對等走向超離

所以我最重大的發現，就是我看到了「待」不是平等對待的關係，而是超越在相對之上的觀照。老子不是說：「萬物並作，吾以觀復」嗎？「萬物並作」就是一起發作，一起造作；「吾以觀復」，我用我的觀來照而讓「並作」的萬物一起歸於「虛靜」。譬如說流行、時髦、新潮是有感染力的，惡性補習是有感染力的，炒作股票也是有感染力的，這就是「並作」。並作就是心知執著與人為造作在帶動，像群眾的心理反應，像示威遊行，一定狂熱；而狂熱背後就是冷酷，所以會攻擊治安人員，會失控點火燒建築物；現在比較文明，以丟雞蛋做象徵性的表達，但是也丟得讓我們覺得很心痛。所以「並作」是一個社會現象，是群眾心理的反應，不管農運、工運，都可炒熱狂飆，隨時可能失控而造成失序動亂，讓家國天下付出了我們承擔不起的代價。

而「觀」是虛靜心的觀照，不會隨意拋出什麼偉大卻空幻的願景，而不負責任的激發群眾盲目的熱情，利用大眾的盲昧為自己打天下。「復」就是回歸自家本來的真實美好，就像在鏡子面前，把失落街頭的自己看回來，大家都回頭做自己，這叫「復」。「並作」是抓狂，「復」就是回到常軌。就像本來是起乩，身軀抖動，口中唸唸有辭，儀式完成之後又清醒回來了，這就是「復」歸，問他剛剛做了什麼？他都渾然不知，這叫「吾以觀復」。而老子的「觀復」等同莊子的「虛而待物者也」。功德無量啊，你虛靜觀照，讓每一個人回頭做自己，回頭走出自己的路，活出自己的風格與品味，這叫「虛而待物者也」。

「而聽之以氣」，「氣」是從「無聽之以心」來界定，不用「有心」來聽，也就是用「無心」來聽。說「聽之以氣」，實則是用「無心」聽，不起執著，不會造作，被禁閉的氣當下就被釋放。故「虛而待物」是「無待」，可不是相對的待，而是超越在物我相對之上的觀照。觀照就不是宰制，而是釋放的照現，讓天下回歸天下的自身，而不是鼓動天下人去打天下，反而傷害了天下。

看他等同「生」他

各級學校的校園，進了校門口，就面對一面大鏡子，多好的規劃與設計！因為塑造偉人的銅像，會讓普天之下只剩下那個人，好像其他人都不見了，只剩下那一尊。而鏡子呢？讓每一個人都活在鏡子面前，每個人都被看到，每個人都被照現出來。不要鑄銅像站在校門口，我們把偉人銅像「虛」了，讓他功成身退。轉而以一面大鏡子的姿態出現，如同天道生萬物一般的照現天下每一個人，生成每一個人。

底下說：「唯道集虛；虛者，心齋也。」所以心齋是心做虛的工夫，「虛」專就「心」來說，心做「齋」的工夫，代表那個心是「無」的狀態。依據「虛者，心齋也」，就可以推斷心齋就是無心。再來講那個「氣」字，前頭論證那個「氣」是就「無聽之以心」的「無心」講，無心觀照萬物，不管老莊或禪佛都是一樣的作用；但是為什麼一定要講氣呢？為什麼不直接說是「虛」呢？這是莊子哲學的重大問題。

物跟形都是氣，我們常講人的形氣物欲，陰氣陽氣的氣，就是「物形之，勢成之」（《道德經》五十一章）的氣。莊子說：「乘物以遊心，託不得已以養中。」這個「中」是虛，就是無心；那麼「聽之以氣」的氣，就不再是被心知的執著所禁閉的氣，而是從解消心知的執著所釋放的氣。後者是超離在心知之上的氣，而前者則是禁閉在心知之下的氣。莊子的意思，氣似乎有兩個存在樣態，一個是被禁閉的氣，一個是被釋放的氣。我再引證兩句話來說明，一個是在內篇〈大宗師〉的「遊乎天地之一氣」，另外是在外篇〈知北遊〉的「通天下一氣耳」。這兩個「一氣」是什麼意思？是解消心知的執著所釋放出來的氣，關鍵在「遊」跟「通」。

氣可以遊、可以通，關鍵在，心的致虛守靜，心做齋的工夫，也就是以「無心」聽。通過無心，氣超離在心知之上，不再被禁閉在心知之下。本來指涉形物與萬象的氣，通過無心，「遊」是「逍遙遊」的遊，「通」是「同於大通」的通，天地間無處不可遊，也無時不可通了，那就是我們講的氣質的感應，與生命的會通。

與天地同在，跟六氣同行

當你無心的時候，你跟對方會有一點默契，他想什麼你都知道，他也知道你在想什麼。雖說不出什麼道理，事實上這就是「觀照」所釋放的「氣」，「氣」回歸天地一氣之中遊，所以親人友朋之間，可以相互解讀對方的心事。因為心是無心，我才有空間去讀你；要是我有心，我只是讀我，而且自家的「心」變成標準本，天下人非得讀我這一本不可，這就是專制獨斷的範本。所以我說「天下父母經」就是要讀《心經》，《心經》是父母的「同心經」，父母要同心。我用佛經裡的《心經》來解父母天下經，父母一定要同心，且讀你千遍也不厭倦，父母沒有自己的心事，兒女的心事就是父母的心事。你不能說版本在爸爸媽媽這裡，要兒女每天讀父母的心事。那要等我們年老了，兒女就要讀父母的心事。但是我們在中壯年的時候，讀兒女的心事之外，同時還要讀父母的心事，所以中壯年正是一家人的中流砥柱。

有心的時候，是「心止於符」，心知要求符合，要求符應，所以我們就貼一張符，上頭有控制對方的咒語——畫符唸咒來定住對方要符合我的價值標準，這是對方「應」了符咒的責求。好像《暫時停止呼吸》的電影劇情一般的演出，你把符貼上，就是把他鎮住。心中畫一個符，貼在親人朋友的心上，口中唸動真言（咒語）對方就被我們定住。所以「心止於符」，好像在對方身上貼上符一樣，現代的語言是「貼標籤」，像定身法一樣用標籤把人定死在那裡，永世不得翻身。

「聽之以氣」是無心，超離在心知之上，是無掉心知；無心無知，心虛靜觀照，由觀照而照現，全身的氣突然間都活回來了，氣得到了全面的釋放。本來氣都被壓制——符就是把你鎮住，把你克住。說「聽之以氣」的意思，實則是聽之以無心，聽之以虛靜心。這時候被心知咒語與符籙禁閉的「氣」，就得到了釋放，好像水乳交融，默契心通，這要文學式的描述才能意會此中的神韻，就好像每一個毛細孔都是開放的，每一個細胞都活起來了，比那個森林浴的芬多精還美妙，通體舒暢。原來人可以無心的話，你就提供了很好的森林浴芬多精，那個氧氣活力就注入到我們的細胞裡面，這叫「聽之以氣」。那個時候就像「吾喪我」似的，我解消了形軀的束縛，釋放自己，也釋放了天下，我的氣融入了天地的一氣，而與之共遊。不管在哪裡，你都覺得整個宇宙的訊息都與我同在，也與我同行，這就是「聽之以氣」的祕密藏。

形氣釋放是美感的開顯

不過我講的只是我的理解，我沒有打坐的功夫；這實在太遺憾了，中國功夫沒有契入，還要解析隱微的生命理念。「聽之以氣」，我相信是很深微的工夫，我現在只能通過我的思考與理解、體會，來揣摩它的內涵。其實所謂體會，就是因為我們老是悶著，總覺得我們的軀體、我們的形氣被壓抑、被束縛，只有在美感開顯的時候，例如大家歡唱，大家跳舞，那個時候你就覺得整個生命釋放了，好像全身的細胞都動起來、都活起來了。

所以「聽之以氣」是一個生命實存的效應，同時也是天然機神的啟動，關鍵在用「無心」聽，在「聽之以氣」的當下，就啟動了生命之氣本有的天然機神。這是莊子哲學中深藏而不露，而有待開發的大智慧。

總之，通過「無聽之以心」的修養，所開顯的「聽之以氣」的境界，是物我兩忘、水乳交融的氣，而在「聽之以心」之下萬象流轉的生命之氣，是在心知的壓抑與禁閉之下的氣，譬如在禮教之下冷漠的矜持與深藏的傲慢、人際關係看似尊重實則疏離，就是生命之氣不能應機而出不來；所以人我之間的互動，就是最根本的存在處境與困苦的所在，用禮教、用律法來規範與壓制，那生命會往矜持與傲慢去自我隱藏與自我保護，甚至或以冷漠、疏離回應，那等同自我封閉。因為大家都別有用心，盡是從痴迷走向狂野的心，或是由名利心轉向權力欲，在不擇手段之下，理想失落，而人情涼薄，反正就是「心」讓生命之氣出不來。現在你無心了，哇，被禁制壓抑的氣全面釋放了，而融入天地一氣之中，既「通天下一氣耳」，且「遊乎天地之一氣」。講天地是宇宙間，天下則是人世間：前者天地自然，後者人文社會。一定要無心，才可以遊乎天地之一氣；一定要無心，才可能開顯同於大通之一體無別的境界。

所以境界的開顯是從「心齋」的工夫而來的，境界的開顯是通過「無聽之以心」的修養工夫而來，「聽之以氣」就是修養工夫所開發出來之無待而逍遙的理境。

生命的一體感在「通天下一氣耳」

我們現在喜歡講全民一條心，還不夠細緻深微；應該是全民的價值理念，與存在感受是一體的，感受真切自然生發感動之情，水乳交融而融入整體，沒有隔閡，沒有猜疑，沒有抹殺，沒有疏離，沒有冷漠，沒有族群的分別，沒有黨團的對抗，會讓人有走在世外桃源之感。〈逍遙遊〉就凸顯這個情境。大陸的朋友不大瞭解這個「氣」，他們看到「氣」就喊：哇，唯物論！他不曉得這個「氣」，是無心之後所開顯之生命的感應與沒有距離的一體感：千千萬萬人是一個人，千千萬萬人的身體是一個身體，千千萬萬人的心是一個心，千千萬萬人的感情是一個感情，這才是真的「聽之以氣」。

我想打坐、靜坐的人，是可以達到這個境界。不過，我們不打坐，在特定的聚會間也可以有這分感應。民國六十四年《鵝湖月刊》創刊，我們沒有辦事處，出刊時學者、教授，還有大學生、研究生，不分老師學生群集我家，大家一起裝封套，還包括吾家女兒，她那個時候大概三、四歲，手忙腳亂參與其中，也樂在其中；感覺上就是一家人，就是生命共同體。現在不行了，各自成名以後，各自擁有自己的一片天，開展自己的學術專業，定期聚會、座談，或開學術會議，感覺不一樣了，「往事只能回味」，因為大家都是專家學者了，也各有社會參與的場域，各有自己的心思；以前我們都是無心，只為中國文化的未來，真的是不為自己的前程，大伙兒不分彼此，沒有哪一個人是社長，與哪一個人是主編之類。那時社長的頭銜是我，主編的頭銜是曾昭旭，我是鵝爸爸，他是鵝媽媽，鵝湖嘛；然後帶領一群鵝湖師友，在學術文化圈昂首前行，真的是一體不可分的學術團隊。那個時候處境最艱苦，甚至陷入困局，卻是感覺最好的時候；現在每一個人都可以獨當一面，都是某一領域傑出卓越的專家學者，但是已經不是「一氣耳」，「遊」心不再，「通」氣不可得！

不要畫符唸咒鎮住別人

所以「聽之以氣」是「聽之以無心」所開顯的境界，無心才能觀照，在心上做工夫才能開顯「遊天地之一氣」的生命理境，是天地一氣的融洽無間，而那樣一體感就說是「聽之以氣」。

千萬不要把「聽之以氣」的氣，執實說是形物的氣，那「氣」不是跟「耳」同一層次嗎？耳目官覺就是形物之氣的作用。莊子「聽之以氣」的「氣」，是超離在心之上的那個氣，而不是被悶住、壓抑在心之下的那個氣；是釋放的，自在自得的氣，不然怎麼遊天地？怎麼通天下？所以人間的親情友誼道義都應該往這邊走，情愛更要有如此的融入：一邊是你放開我，我放開你，你自在，我自得；另一邊是一體感，你融入我，我融入你，你我同在，你我同行。

依我看今天親人友朋都沒有往這兒走，大家都想畫一張符把對方鎮住，就是把你定死，你就是我的誰，來界定封限你的一生，你是我的先生，你是我的太太，你是我的朋友，你是我的同學……。每天看到他就說：你是我的，你欠我的，你要聽我的。這樣對方就沒了，完全被你禁閉跟壓制了；當哪一天你不貼符了，不畫符也不唸咒，相互給空間，在「萬物靜觀皆自得」之下，雙方的氣就交融共遊了。

孟子養天地正氣，莊子遊天地一氣

孟子講「養氣」，所謂「浩然之氣」可不止是形體的氣，而是心的理去養成的正氣，稱之為「天地正氣」。那個氣的內涵養分就是心的理，就是天地之心與生命之氣的合流——整個氣已升越至天理良心的分位。

莊子這邊的氣也升到「道」的位置，所以莊子跟孟子的境界等同。人生絕對不要去比哪個人的「氣」比較強，那種形物的氣是靠不住的，盛氣凌人，恃才傲物，引來反感而已；當人物之氣與天地之氣同在，且與天地之理合流的時候，才是沛然莫之能禦的浩然正氣。孟子講浩然正氣，文天祥的〈正氣歌〉把工夫論的浩然之氣提升到存有論的層次，所以說：「天地有正氣，雜然賦流形。」似乎天地正氣已瀰漫在萬象流轉間。莊子講「遊乎天地之一氣」與「通天下一氣耳」的一體境界，吾心要一切放下，因為一切已在這裡；而所謂的「一切」，就是「道生萬物」的「道」，是生成原理的「理」。

蘇東坡寫〈赤壁賦〉的時候，說「江上之清風，與山間之明月」，普天之下的每一個人都在明月的光照下，都在清風的吹拂中，這就是「通天下一氣耳」，或「遊乎天地之一氣」。存活天地間千千萬萬人都在同一輪明月柔和的光照之下，都在清風溫柔的撫慰之中，這不是生命存在的一體美好嗎？「聽之以氣」孤立求解，就會像大陸學者說的唯氣說，或唯物論；而應從「無聽之以心」來界定，是「無心」聽所釋放的「氣」，這個「氣」不是「現象」的氣，而是「物自身」的氣。

莊子的最高理境竟說成了唯氣說、唯物論，那還有莊子學嗎？把莊子跟孟子並列，同時來理解莊子的「遊乎天地之一氣」與孟子的「我善養吾浩然之氣」，不然你不能解悟「氣」何以會升越至「道」之位階的道理。

有心是心知，無心是常心

〈德充符〉有云：「以其知，得其心；以其心，得其常心。」「知」的主體在「心」，而本質是「執」，就是心知會執著眼看與耳聽的事物。譬如說我們執著自己的形相跟才氣，把善與美的標準定在自家的身上。這是因為你的心執著耳目所看到與聽到的物事，你才會「知」。「以其知」，知就是心知執著耳目官覺的印象，不管是誰，只要聽了一首很美的音樂以後，你就會念念不忘，老是想聽那一首「忘不了」的流行歌曲。所以「以其知，得其心」，是心知執著的美善標準，是通過心有知的作用去認取。本來只是官覺印象，經由執著而成知，就已不只是印象了，官覺印象是飄忽變動的；佛說每一個意念都在剎那生滅中，都在流轉變動中。但它會被執著定住，因為心執著它，也就定住它，貼近「無聽之以耳，而聽之以心」的意思。因為你聽到和看到的是飄忽的，瞬間飛逝，它不可能定下來；它會定下來是心抓住它，就在心知的執著中定下來了。所謂「以其知，得其心」，就從心知執著的作用中超離，回歸

「心」的本身。

底下再深一層說：「以其心，得其常心」。心在世事變動與萬象流轉中，還是會起「知」的作用，此之謂由有心而有知、有為，也就是「心止於符」之責求天下人要符合自己心知執著的價值標準。所以還要「以其心，得其常心」，再從「有心」而回歸「無心」。用「無心」的工夫來保證，也保存本來空靈狀態的「心」，那就是所謂的「常心」了。常心由無聽之以「心」來保住。道家的「無心」，實則是恆常的心或是放下的平常心，直接回到心本身的虛靜。「聽之以氣」的氣也是由無心，或常心的釋放而有。「聽之以氣」的境界是通過心齋的工夫而開顯，這就是「無聽之以心」，心知的執著解消，形氣得到釋放，就說是「聽之以氣」，莊子只是不從那個開顯的主體說，而是從那個開顯之後的境界說罷了。

離形去知，同於大通

〈人間世〉說「心齋」，〈大宗師〉說「坐忘」，顏回說：「墮肢體，黜聰明，離形去知，同於大通，此謂坐忘。」這是給「坐忘」下一界定。這一段話是孔子請問顏回，而「心齋」那一段是孔子教導顏回；莊子實在太可愛了，很有幽默感，讓他們師生兩個輪流當老師。顏回的生命型態比較接近道家，「一簞食，一瓢飲，居陋巷，人不堪其憂，回也不改其樂。」這不是道家生活的寫照嗎？那什麼叫「坐忘」？「墮肢體」，就是「離形」；「黜聰明」，就是「去知」。本來聰明是耳聰目明，仍是肢體感官的作用，但是耳目的聰明轉而指涉心智的靈覺感應，人的生命存在，是心在物中，問題是，心之「知」執著「物」，物受束縛，而心則負累。故修養工夫從「形」說「離形」，從「心」說「去知」。讓「心」超離在「形」之上，心自在，物自得，那個境界就是坐忘。就在當下忘了一切，就是所謂的「坐忘」。

所以我不曉得為什麼馮友蘭先生說「坐忘」與「心齋」大有不同，我看不出來。莊子告訴我們「心齋」的工夫是：「無聽之以耳，而聽之以心；無聽之以心，而聽之以氣。」「墮肢體」就是「無聽之以耳」，「黜聰明」就是「無聽之以心」。工夫論上二者應該是相互呼應，「離形」就是「無聽之以耳」，「去知」就是「無聽之以心」；「同於大通」就是「聽之以氣」所開顯的「遊乎天地之一氣」的境界，生命感應無間，萬物一體無別。這個時候，每一個人的生命氣息是相通的，而天地萬物也是同體並行。

我不曉得那些吃迷幻藥的人是不是在追求這個感覺，他也在「離形去知」，也可以不分彼此而亂成一團，迷幻藥會有吸引力一定有它的道理，它一定是在當下突破了一些矜持、傲慢，解除了自我防衛的壁壘。問題是那不是修養來的，那是人為造作，是在沒有感覺中製造感覺；但是道家講的是修行的境界，這差太多了。而且那種副作用很嚴重，進入到意識渾沌的恍惚狀態，那麼做人的尺度分寸與品格、味道完全垮掉，看起來相似，實則「失之毫釐，差以千里」。迷幻藥是迷失幻覺，安非他命本來是安他，卻死於非命，我相信它就是在突破形體與心知的拘束，有如「離形去知」，卻人格崩壞，他做了什麼事情，他自己不知道。似乎可以逃避做為一個人的尊嚴與榮耀，在人性扭曲中，價值變質。不是「同於大通」，而是同歸沉落，充其量亂成一團而已。所以道家哲學還是很有批判性的，你的那些迷幻藥、安非他命之人為造作的幻覺，可不是道家「坐忘」的生命境界喔，那是天涯淪落人，而不是人間的真人。

所以簡單的說，「心齋」跟「坐忘」的工夫與境界是相通的，且是相互呼應又是一體無別的。

「形化」要離形，「心與之然」要去知

回到問題的源頭在「其形化，其心與之然」，回應「形化」，我們做「離形」的工夫；對治「心然」，我們以「去知」來化解。形化心然的人會「坐馳」——人坐在

這裡也沒有用，因為我心狂野。所以來華山講堂聽課，大家是自家做主而來的，假定是各鄉各里派代表來，那問題就大了，全部的人都「坐馳」——人坐在這裡，心不在焉，且是心猿意馬，而意念也在街頭馳騁，不知飛到哪裡去了。所以你在形化中，就要離形；你心然，就要去知；你坐馳，就得坐忘——當下忘了一切。當下放下一切，因為一切已在這裡，與天地同在、與萬物同行，全部都可以放下，全部也都在這裡。

全部放下是道的「無」，全部在這裡則是道的「有」，而「有生於無」，就是道家的根本義理。「天下萬物生於有，有生於無」（《道德經》四十章），全部都放下了，所以全部也都在這裡。把心思放下，生命之氣的直感直應都回來了；放下的同時開啟了吾心的虛靜觀照，而照現一切，所以一切的美好都回來了，這就是「坐忘」工夫所釋放出來，讓失落的真實與美好，又在靜觀中回到當下現前。所以坐忘的直接解釋就是「當下即是」，又「所在皆是」，就如禪宗的頓悟之說。坐忘是頓悟，但坐忘的義理，在我們的文化傳統中，卻顯發在禪宗頓悟之先，就說是此心同，此理同，相互映照，前後呼應吧！

我的學長吳怡先生寫了一本成名作《禪與老莊》（三民書局），他證明禪宗是傳承了老莊的智慧；基於文化大義，我支持他的觀點；基於學長情誼，我更支持他的觀點。他現在在舊金山教書，前兩年我到舊金山去，竟然忘了他的電話號碼，他很不諒解，說你人到了舊金山都沒有打電話給我；我說我已經「坐忘」了；本人不遠千里「坐馳」到舊金山，來到了舊金山卻當下即是，也就「坐忘」了學長的電話。事實上是我推薦他回台北開會，而我自己卻飛往美國觀光；我以為他還在台北旅遊，原來他開完會就趕回舊金山了；剛好兩個人同一時段都在舊金山。在那七八天的觀光行程中，皆舊日北一女的學生伴隨引領，竟沒能到他家拜訪，儘管我們師兄弟像親兄弟一樣的情分。

所在皆是，當下即是

講到這邊，顯出一個大道理，就是不管是老莊，還是佛是禪，工夫總是無窮無盡的；人生最大的問題來了：那何年何月我才得救呢？修行修不完，功德做不完，唸佛唸不完，經典讀不完，論文看不完，打坐也坐不完；請問何年何月我才得救？可以說是被工夫套牢，被經典套牢，你就走在一條無窮無盡的茫茫天涯路上。所以人間所有的天長地久，都在每一當下的分分秒秒中，你所在皆是，也當下即是；這樣成佛才成為可能；不然的話你就被時間拉住，被工夫困住，被經典鎖住。

所以禪宗一定講「不立文字，直指本心」，因為文字讀不完，佛典唸不完的；到最後只唸「阿彌陀佛」四個字就好了，才不管它什麼經。所以我到大陸，在千佛洞照相，我就做出食指與拇指連結成一個圓，中指以下三指皆向上並立，這樣的手勢意謂欲界、色界、無色界都在這裡，過去、現在、未來也都在這裡，三界在這裡，三世也在這裡。友朋說，你擺出如此這般的姿態，有什麼象徵的意義嗎？我說，代表過去、現在、未來的三世都在這裡，又代表欲界、色界、無色界的三界也都在這裡，就在照相存證的當下就解脫了。

一切放下，一切都在這裡

其實儒家講仁的實踐，說是「死而後已」，也是無窮無盡的工夫，又說「我欲仁，斯仁至矣」，也就是「當下即是」的意涵。孔子說：「若聖與仁，則吾豈敢？」聖賢仁德的實踐是「任重而道遠」，無窮無盡，你一生都做不完；不過也可以當下即是，我一念自覺，仁心做主，仁就在這裡了！各大教一定要有這樣的智慧，儒道釋都有；修行一定要有頓悟，不然這個修行工夫就永無止境，不可能完成，因為你被工夫拉住，也被歷程困住。

所以我覺得從心齋到坐忘的一個重大突破，就是從工夫裡面解脫出來。我們都以為解脫是從煩惱中解脫，但是有一個更大的煩惱是「工夫做不完」。有一回到台東去，住在學生家，她婆婆喜歡跟我聊天，大概是我年齡比較大，比較能夠跟她談心事——學哲學的人比較可以談心事。她跟我聊，聊兒子，聊媳婦，聊孫兒女，聊她的一生；她一邊聊，一邊在唸佛，一吊佛珠在手指間輪轉，哇，一心二用。她說每天要唸一萬多回，我忘了確切的數字了；我的感傷就是：那要唸到何年何月呢？唸佛怎麼唸得完呢？所以中國人就有這樣的智慧，一定轉向禪宗，道家什麼都不唸，〈逍遙遊〉的「無待」不就「當下即是」了嗎？像我照相存證，手勢一做出來就好了，因為那是三界嘛，三世嘛，全部都在這裡了。不然你就一個手勢向上，一個手勢向下，「上天下地，唯我獨尊」，不過那是成佛之後的宣告，我們還是當下放下一切，而一切已在當下。用工夫來保證，一切的美好總在人間。

第四章

才全而德不形的自在天真

形體的殘缺是天生命定的無可奈何，莊子以「支離其形」來象徵「支離其德」的人格修養。面對形體的殘缺，要有「缺而不陷」，與「殘而不障」的人生智慧，給對方留一個缺口，給一個餘地，有缺口親人友朋才進得來，有餘地親情友誼才有立足的空間。不要把自己塑造成完美與圓滿的形象；你圓自己一個人的滿，完自己一個人的美，親人友朋就進不來，親情友誼也就沒有立足的空間了；因為你把進路封死了，也把餘地堵住了。

我們講修養工夫的思想源頭，是在老子《道德經》第十六章的「致虛極，守靜篤」，意謂心致心的虛；心守心的靜，心虛靜如鏡，鏡有觀照的作用，而照現等同生成，老子說是「吾以觀復」。「復」是回歸本德天真。心致虛守靜的工夫就是「心齋」，心知執著虛掉以後，人為造作也就止息，生命就可以歸於平靜，這樣的平靜也就是「坐忘」——當下放下一切，因為一切已在這裡。所以老子的修養工夫「致虛極，守靜篤」，到了莊子是「心齋」跟「坐忘」。「致虛極」就是「心齋」，「守靜篤」則是「坐忘」。人間街頭「萬物並作」的亂象，在吾心的靜觀之下皆回頭做自己。「萬物並作」是萬物一起人為造作，「吾以觀復」意謂在吾心虛靜的觀照之下，也就回歸本德天真的真實美好。

欣喜間藏有沉重

每逢選舉期間，每一個人的心情都是特別詭異，好像充滿了欣喜，卻又隱藏著不安定感。實在是太討厭國民黨了，所以就把票投給那位不是國民黨的候選人；因為你只要不投國民黨的票，就覺得好像出了一點怨氣。而這個氣是長久以來，從二二八到美麗島事件鬱積而有，形成台灣人的悲情；所以只要不投給國民黨，就覺得自己得到了平反。不過，超乎意料之外，欣喜三兩天，心情竟有沉重感。欣喜是讓國民黨難看，這下子皆大歡喜，國民黨夠難看了吧！但是另外一方面又覺得民進黨可以承擔大任嗎？那是欣喜間藏著沉重的詭異之情！所以今天可不是哪一黨獲勝的問題，而是台灣鄉土怎麼走出自己一片天的問題。就像許悼雲先生講的：「你不能贏了選舉，輸掉了台灣！」大家輸不起的，因為很可能一步錯而全盤皆輸。

今天的台灣政權本土化已成為整個時代的脈動。台灣人的悲情要告一個段落了，所有的冤屈已經平反，而美麗島事件的受難者家屬都當上了立委，我們已經彌補也回饋了；那些承受苦難的人，都已經得到台灣人對他們的補償。此後悲情告終，沒有悲情，選舉要回歸選賢與能的正軌，選出有能力有氣魄有擔當的人士出來，走出台灣人的未來之路。不能再有意識形態，再有委屈悲壯，而把民主選舉當作只是滿腹悶氣與滿懷鬱卒的抒發，民主大戲成了鬧劇一場。這樣民主法治才會走上一條健康的大道，台灣應該長大了，擺脫過往歲月的糾纏，重新出發，好好想怎麼樣走出合理而可能的未來。

「致虛極」，把二二八到美麗島事件的政治迫害全面放下，台灣人已為自己平反。此後大家要把心中的陰影清除，讓它過去，也把悲憤之情解消；「守靜篤」，讓台灣回到陽光底下，回到光明正大的陽剛精神；「萬物並作」，指涉的是競選時段相互叫囂彼此謾罵的人為造作，與塵垢污染；而「吾以觀復」，則是通過生命主體的虛靜心來觀照，照現天真，回歸自在。而「觀復」的「復」，就是莊子〈德充符〉的「才全」，而「才全」要從「德不形」而來。

「致虛」是「心齋」，「守靜」是「坐忘」

《道德經》第十六章說：「致虛極，守靜篤。」心致心的虛，心守心的靜。因為修養工夫一定要有一個生命主體，來為自己做主，〈齊物論〉說的「真君」，〈養生主〉說的「生主」，都是指涉「心在形中」的心。而「心」有「知」的作用，本質在執著，故由存在的「處境」，轉為存在的「困局」，也就是「心在形中」，轉成「心執著形」，「萬物並作」的人間紛擾與街頭亂象就由此而來，所以，工夫要在心上做，而發動者，也是心的自己。心致心的虛，心守心的靜，這是心自己在做工夫啊；心讓自己虛掉，且歸於平靜，在莊子說來是「心齋」，在心裡面做齋戒的工夫。

本來我們講齋戒是吃素守戒，要讓自己的心素淨，閩南話叫「素潔」；我喜歡這樣的話，在台灣鄉土，老阿嬤每天起來梳理她的頭髮，一身乾乾淨淨才走出房門；像我們做阿孫的還幫阿嬤梳理頭髮呢，我的美好童年，記憶中每天都幫阿嬤梳頭髮，她就坐在吾家門前的大榕樹下，旭日已然東昇，陽光帶來溫暖，鄉土素樸而人心素潔！這是我心中永難忘懷的幸福畫面。心把心知的執著虛掉，心虛了，人為造作解消，生命自然歸於平靜。心致心的虛，如同〈人間世〉的「心齋」；也守它自己的靜，等同〈大宗師〉的「坐忘」。生命的源頭活水，通過工夫的修養而開發啟動，由心去「致虛守靜」，而解消相互牽引而同歸沉落之「萬物並作」的人間亂象。

「萬物並作」就在五色五音五味的人為造作之下，大家一起「心發狂」似的流落天涯。「吾以觀復」，通過我心虛靜的觀照之下，就直接看到人物的真與人間的樸，不必經過中介，就可以直接看到人物的真情，也照現人間的真相，它的效應就在讓「並作」的人，「復」歸他自己的本德天真。本來大家一起抓狂，現在一起回歸平靜，你看選舉過後人間街頭又平靜下來了，不過紛擾恐怕還藏在心頭吧！「並作」總要「復」歸，歸於哪裡？復歸於嬰兒天真啊。與天生自然相對的就是人為造作，致虛守靜的修養工夫，就在虛靜心的觀照中，一起人為造作的萬物，就可以回歸天生自然了，不再對抗決裂，不必流落天涯，而每一個人回歸天生本真，每一個市鎮村落也回歸它本有的鄉土素樸。

解開天下在放下自我

上一章的心齋坐忘，比較貼近「致虛極，守靜篤」；這一章的「才全德不形」，比較契合「萬物並作，吾以觀復」。

老子「致虛守靜」，莊子「心齋」、「坐忘」，台灣人要有一點修行，要有一點品味，更要有一點志氣，子孫才有未來，在「並作」中「觀復」，在「坐馳」中「坐忘」，沒有壓抑，沒有委屈，沒有悲壯，沒有決絕，不必再有為我們犧牲與奉獻生命的壯士跟烈士，這才是美好祥和的台灣。通過老莊的詮釋觀點，可以省思幾十年來劇烈變動中的台灣社會透露給我們的訊息。有情結就代表人性有一點扭曲，情意才會有放不下的死結；現在「結」解開了，互不虧欠，放下平平。

老子說的「復」，貼近莊子說的「才全」；而老子的「致虛極，守靜篤」，與莊子「德不形」於外的意涵近似。人生路上都要面對困局跟難關，所以我們要回到存在的本質找出路，存在的本質是德，而出路由心來打開，這樣才能夠突破困局，越過難關。心來打開出路，就要心齋坐忘。心齋坐忘不是只求心靈的平靜而已，還要讓生命回歸自在天真，心靈虛靜為的是要存全每一個人的本德天真。

〈養生主〉「庖丁解牛」的那頭牛，比喻的就是人間世，牛體結構的複雜，如同人間的複雜性；而庖丁解牛的那把刀刃，指涉的是每一個人的生命自我。〈養生主〉的主體寓言，它的地位相當於〈逍遙遊〉的「大鵬怒飛」，與〈齊物論〉的「萬竅怒呺」，莊子就透過寓言故事把全篇的主題烘托出來。這頭牛是人間世界，而這把刀刃則是生命自我；人間世就是天下，自我活在天下，人物走入人間；從人物、自我來說是「吾生也有涯」；從人間、天下來說則是「知也無涯」。人物本身有限，而人間街頭又如此複雜，這是人生兩大難關。莊子從自我說命，從天下說義。命不可解，義無所逃，人生承受自我的有限性，又要通過天下的複雜性。

榮耀自我卻背負天下

實則，有限性從心知執著自我而來，而複雜性從心知執著天下而有。且二者又牽連在一起，執著自我的人，要高貴己身，是謂「貴身」；而「貴身若大患」。《道德經》第十三章開宗明義就說：「寵辱若驚。」因為你執著自身，你就有高貴自身的負擔。而高貴自身從哪裡來？從得到天下的恩寵來。而普天之下最大的恩寵就在天下的權勢名利。問題在，想得到恩寵的本身就是此身莫大的屈辱，因為得失在人不在我，所以你就會落在「得失皆驚」的困局中，得也驚、失也驚；得失都帶來生命的驚恐。

因為人家是否給你恩寵，主權在人不在我；不論得失皆驚恐，所以說貴身是人生的大患。因為永遠在患得患失的不定中，那可是一生一世的大患。且高貴自身，等於逼自身去打天下，天下的名利權勢就是恩寵之所從來。但是打天下等同背負天下，打天下的人同時也會被天下人打，挫折感、失落感，幾乎無以避免，此其結果是奔競一生，也驚恐一生。

此所以老子會說：「及吾無身，吾有何患？」無掉了自我的執著，就可以免於打天下的壓力與傷痛的大患了。因為沒有自我的執著，就不必背負高貴自身的重任；不必高貴自己，就不用去打天下，就此遠離「得也驚恐，失也驚恐」的無奈與屈辱了。此所以大患的「大」，在一生一世的沒完沒了之外，又要背負與全天下對抗的壓力之大。

逃離患得患失的無邊大患，關鍵就在「無身」。「吾之所以有大患者，為吾有身」，因為我有身，我執著自身，就得逼自身投入天下去搶得天下人的恩寵榮耀，來高貴自身，所以才會引來永無寧日的大患；「及吾無身」，等到我把我自身放下來，「吾有何患？」，我還有什麼好擔心受怕的呢？心頭的重擔就此解消，不用高貴自身，就不必背負天下了！

「無」了自我「有」了天下

「庖丁解牛」，牛體結構複雜難解，因為牛體的骨肉、筋絡纏結在一起，那你這把刀要用砍斫的嗎？用切割的嗎？砍斫的結果就是你這把刀斷掉，切割的結果就是你這把刀的刀鋒捲曲。就像菜刀柴刀會捲曲，會有缺口一樣，說刀會捲曲、會有缺口、會斷折，說的是生命自我的挫折感，甚至心的傷痛，說刀折損，實則說的是自尊的心，你的尊嚴折損，你的感情受傷。因為你的刀刃自我投入在牛體天下之中，「與物相刃相靡」（〈齊物論〉），相刃就是互相砍斫，相靡就是把對方砍倒，看似運動場上拳王爭霸戰的技術擊倒，實則說的是心機算計的不擇手段。

因為牛體結構很複雜，有筋絡交錯、有骨肉相連的地方，用刀刃砍斫，刀刃斷折了；用刀刃切割，刀刃捲曲了；受傷的永遠是刀刃自己。打天下的同時，自我也受到傷害；生氣罵人的時候，受傷害的是自己；因為想要開罵的念頭一起，首先受害的是自家的心。所以本來是自我投入天下，人物活在人間，我要通過複雜的人間，而人間之所以複雜，就在人物有限，且心知想要的太多，所以要解開牛體，就要從刀刃無厚做起。

人生很弔詭的是，本來是要解開天下牛體，而解開的切入點是在刀刃自我沒有厚度，這就是「及吾無身，吾有何患」，無身的工夫修養就在刀刃無厚。自我的刀刃沒有厚度，牛體筋骨與骨肉連結的地方再狹窄都可以通過，因為沒有自我的執著，刀刃沒有厚度，再窄小的空間，甚至看似沒有空隙的筋絡纏結之處，都可以迎刃而解。

莊子說牛體「彼節有間」，骨節是有空隙的。因為牛體是一個結構體，結構體一定有空隙；而我這把刀沒有厚度，可以通過看起來沒有空隙、實則有空隙的骨節，而且你還可以遊刃有餘——「恢恢乎其於遊刃也必有餘地矣」，有餘地就有閒情與美感，就有多餘的光采，在實用、認知與德行之外顯發而有的品味。

我們不要跟海峽對岸對決，不要跟台灣鄉土對抗，也不要跟台北街頭決裂，更不要跟全球人類宣戰；人間街頭看起來好像很複雜、很難通過，那是因為太膨脹自己，自己太高貴、太榮耀、太自我中心了。現在要做工夫，自我沒有厚度，指涉的是心知的解消，刀刃無厚，就是心不起執著，就沒有分別心，不會有比較心，就不會有得失心了，人生就不會陷落在患得患失的恐慌中。所以自我沒有厚度，天下就無限寬廣，人間也就到處可遊了，〈逍遙遊〉說是遊於無何有之鄉，「無何有」就在心的無執著與分別。所以本來是要解開複雜的牛體，到最後解開的卻是刀刃自身，這是莊子達觀的智慧。

人間世無不可遊，天下事無非遊也

本來老聃跟叔山無趾說：我們去救孔老夫子吧，到最後發現「天刑之，安可解？」最後你看我，我看你，我們真的要救他嗎？我們真的可以救孔夫子嗎？這是莊子的幽默喔。本來是要把牛體解開，逼到最後是先把自己解掉；而且把我自己解掉以後，天下何處不可遊呢？不想去挑戰別人，又不是要跟天下一決勝負，到哪裡都可遊，做什麼都「無非遊也」，這可是王船山教導我們的智慧。本來是要解開天下的大患，到最後發現解開的是自己的執著；等到我沒有自己的時候，我怎麼還會有天下的大患呢？

因為要打天下，所以天下就是大患；打遍天下而天下無敵，今年勇奪金牌，明年還要再得金牌；今年得第一，明年還要搶第一，人生的難題依舊等在那裡，莊子說是「不見其成功」，又說「莫知其所歸」，人生終究要回到自身，打敗別人，說是凱旋歸來，那就是成功嗎？實則是「終身役役」，依舊是「其行盡如馳，莫之能止」，仍逃不了「以有涯隨無涯，殆已」的無奈，還是在漂泊不定中。

莊子教給我們的是，即人物之有限活出每一當下心靈之無限，即人間之複雜扭轉而為「無不可遊，無非遊也」的簡易單純。關鍵就在「心齋」的「虛而待物」，與

「坐忘」的「離形去知」。「離形」解消人物的有限性，「去知」化掉人間的複雜性，而心虛靜如鏡，觀照萬物等同生成萬物，而所謂生成萬物就在與道同在、與物同行的逍遙之遊。

有餘地有閒情

貴身若大患，大患是來自為了貴身而去打天下；要打天下就引來與天下為敵的大患了。打天下是為了要榮耀自身，本來要打天下，打到最後，反而先把自己給打垮了。打天下等同背負天下，只要「不求安」的安於人物的有限，我認了，人生的大患就可以離身遠去。此所以庖丁解牛最重大的覺悟就在：解牛之道就在解自己，解自己之道就在心齋坐忘，「齋」在心的「虛」，「忘」在當下放下一切，因為一切已在當下。

原來人世間的問題不在人間街頭，而在我們自己的「心」，跟自己過不去，所以自己的心要把心的執著解開，人間天地還是無限寬廣。所以莊子說：「以無厚入有間，恢恢乎其於遊刃必有餘地矣！」「恢恢」是寬廣的樣態，好像海闊天空一樣。你就可以遊刃有餘，這把刀刃還可以在那裡盡情揮舞，就好像舞蹈一般的自在自得，甚至還有多餘的空間，餘地給出閒情，而閒情生發美感，一切已在這裡，此所以「一切可以放下」。

遊刃有餘就是美感的源頭，你一定要留有那個「餘地」喔。台北下雨，我帶了一把雨傘到高雄，哇！高雄天氣特好，我拿著雨傘在街頭行走，實在是很殊勝；人家說：教授你帶雨傘來？我說：是啊，多餘的傘叫「餘傘」（諧音雨傘）。多餘的，這代表我們很悠閒，千萬不要為它生氣；多餘的傘，這個餘，就是餘地、閒情，有餘地就是有閒情；你闖人間世界，你還是很悠閒，可以口中哼歌，行路如舞蹈，有美感隨行，頓覺世界很寬廣，人間很開闊，不會有人擠人的擠迫感。

人生遊刃有餘，還會跟別人搶地盤一決勝負嗎？轉關在哪裡？在「彼節者有間而刀刃者無厚」，以無厚入有間，空間顯得開闊，因為把自身無了，根本沒有厚度，再小的空間都顯得很大。當我們解消自己而成為零的時候，任何數字除以零都可以是無限大了。

解牛三部曲

「庖丁解牛」可用三部曲來說，第一是牛在那兒，第二是牛不見了，第三是牛又回來了。牛在那兒稱之為「在家」，牛不見了稱之為「出家」，牛又回來了稱之為「回家」。

本來是一頭牛在那裡，「所見無非牛者」，初解牛的階段，一眼看去，整頭牛站在那裡，龐然大物矗立面前，擋住你前進的路，而形成生命的挑戰。我小時候就不敢穿過牛擋在前頭的路段，牛在那裡悠哉悠哉的吃草，我等了很久，那頭牛就是不走，心很急；但牛老大一點也不急，你不敢擠過牠身旁。儘管牛是很溫馴的，但是可別忘了牛脾氣喔！你看到龐然大物就在眼前，而且頭頂兩角橫裡一擺，讓人不敢隨意走動，所以牠是生命成長路上的障隔。

「三年之後，未嘗見全牛也。」有了三個年頭的歷練，眼前顯現的，不再是整頭牛站在那裡；那會以什麼姿態出現呢？不再看到整頭牛在那裡了，那是什麼意思？我說牛不見了，這是最簡單的說法。

最後，「方今之時，臣以神遇而不以目視，官、知止而神欲行。」說他解牛十九年了，所以從三年之後，不見全牛來推算，方今之時又是十六年之後了。一路的修行、踐履，一路的感受、體會，到了今天，我用我的心神跟牛交會，我的官覺功能停下來，我的心知作用也止息了，而以心神跟牛相遇同行；所以說牛又回來了。

這一理解有一扭轉的關鍵點，我在「官知止」的「官」與「知」之間，加上一逗點，官是感官，知是心知，感官看到整頭牛，心知的抽象作用對應的是牛體的骨架結構，所以說「未嘗見全牛」。

人生三觀——肉眼、心眼、天眼

通過我的人生三觀來看，我認為：少年人是肉眼看人生，中年人是心眼看人生，老年人是天眼看人生。用肉眼看牛，「所見無非牛者」，整頭牛在那裡，牠是一個障隔。三年之後，「未嘗見全牛也」，因為你用心眼看，心眼看到的是抽象的牛，就像X光透視，只看到牠的骨架，而骨架間的關節，「彼節者有間」，就像外科醫生先透視掃描之後，再決定怎麼開刀，知道瘤長在哪裡，判斷切入點在哪裡，此心眼所對的是抽象化的牛體骨架，好像血肉不見了。只剩下骨架關節，所以刀刃就比較容易依牛體架構而前行。最後用天眼看，說是牛又回來了。心知把牠抽象化，具體的血肉已抽離，牛體被簡單化了，因為整頭牛太複雜了；問題在抽離之後又太簡單了，所以最後牛又回來了，是單純中藏有豐富。

我們再引據〈齊物論〉的「莊周夢蝶」來說，莊周夢蝶也是三關，第一關莊周是莊周，蝴蝶是蝴蝶；有如「見山是山，見水是水」。第二關，莊周不是莊周，蝴蝶不是蝴蝶；因為莊周可以夢為蝴蝶，蝴蝶也可以夢為莊周；近似「見山不是山，見水不是水」。第三關，莊周還是莊周，蝴蝶還是蝴蝶，此神似「見山祇是山，見水祇是水」。庖丁解牛的三進程，與青原惟信禪師的三關之說，我們合理的推論可能從庖丁解牛的三段進程，被觸動的靈感而激發出來的，就像我認為莊子的坐忘是禪宗頓悟的源頭，因為莊子在先，佛門禪家的故事到唐代末年才出現。但庖丁解牛的三關並不那麼明朗，這是我加以補成給出的詮釋；「始臣解牛之時」、「三年之後」跟「方今之時」，顯然是三關；只是沒有講得這麼顯豁就是了。

目視、心知與神遇

開端是眼前一頭牛在那裡，解牛形成挑戰與壓力；三年之後牛不見了——以心知對應牛體，有如X光透視般只看到骨架，而血肉被抽離；而今，牛又回來了——整頭牛又在那裡。但牛體已不再是主客對列的那頭牛，而是用心神跟牠相遇，與我同在同行的牛，那虛靜心觀照所照現的牛，不再是物質性的牛體，而是精神性之神遇照現的神牛，就像牧童騎在牛背上一樣，牧童的童心，跟悠閒的牛步走在鄉間小道，那是童心融入牛體之一體並行的美感呈現，牧童吹笛，自在得很。看過大陸製作的卡通〈牧笛〉嗎？很美啊，笛聲的旋律伴隨牛步的節奏，牧童虛浮在牛背之上，那是上海美術院製作出來的卡通片，很生動，不只吾家那對兒女喜歡看，我也喜歡看。大人也可以有童心啊！這就叫「臣以神遇而不以目視，官、知止而神欲行」，官覺與心知的作用止息，你的心神跟牠相遇同行，畫面景觀在天地絪縕間是一體不可分的，那是物我兩忘的一體感。由「通天下一氣耳」（〈知北遊〉），再升越「遊乎天地之一氣」（〈大宗師〉），也就是「聽之以氣」的境界開顯。

所以「所見無非牛者」是「聽之以耳」，「未嘗見全牛也」是「聽之以心」，最後「官知止而神欲行」的「神遇」就是「聽之以氣」了。「聽之以氣」，本來被心知禁閉的氣，已完全被釋放了出來，融入「通天下一氣耳」而「遊乎天地之一氣」，是代表自身的氣跟牛體的氣融洽無間，主體的心神正與牛體的生命之氣同體流行；牧童的心神伴隨牛體的天然機神同步前行，卡通不經意間朗現了美的理境，這是來自藝術家的創意！舊時的台灣鄉土，傍晚時分也常有牧童騎在牛背上的鏡頭，那是農家日常的景觀。人無心，牛閒散，生命脈動就在「聽之以氣」之中，朗現了天地一氣之美。想起陪著兒女觀賞〈牧笛〉這樣的卡通片，還是悠然神往，原來生命可以如此簡單，也如此美好，如此恬靜。

以神遇牛，牛又回來了

我用庖丁解牛的三部曲，與心齋的「聽之以耳」、「聽之以心」、「聽之以氣」的三階段的工夫進程，來說「在家」、「出家」與「回家」的人生三層進境。「以目視牛」而牛在那兒的田園耕作是「在家」；「以心知牛」而牛不見了的遊山玩水是「出家」；「以神遇牛」而牛又回來了的田園間藏有山水是「回家」。

關鍵在，在家的田園耕作總是勞累，出家的遊山玩水雖散心休閒，卻流落無根，人生的智慧在把山水帶回田園，田園間自有山水，家居日常根在田園，雖「采菊東籬下」，亦可「悠然見南山」，歸田園居，南山之美就在當下現前，內心湧現一分悠然神往的閒情。而田園山水也有畫意詩情，融入家居日常間，就可以在田園耕作的勞累中，活出遊山玩水的休閒自在，這樣在家不會苦累，而出家不免漂泊無根，不如山水與田園同在並行，家常要每天為家人回家，日常要每天為家人醒來，人生的根本在此，人生的美好也在此，天天在家，也天天出家，統合在天天回家。

「聽之以氣」，是用天眼看人生。不依「官覺」，也不據「心知」，而體現「神遇」，官覺心知皆停止運作，而心神融入牛體，那時的牛體既無形軀的束縛，又無心知的負累，純然是一精神性的生命躍動，悠閒而自在。人在人間世交會，人間世的複雜消失不見了，主體生命已融入現場，融入台灣鄉土，融入社區團隊。因為融入才是真正的「解」。解不是把它破解掉，把它抹煞掉，也不是把它冷處理而凍結起來，這不是解開；真正的解是融會無間。我們的疏離感、我們的冷漠，就是因為抹煞對方，冷眼看對方；我們不走這一條路，真正的「解」是心神遇合且融入其中。

所以「通天下一氣耳」跟「遊乎天地之一氣」，是很重要的語句，讀書要讀到緊要處，敏感度會讓我們發現關鍵性的語句，自己覺得很得意，這就是以經解經的善解！就因為與「聽之以氣」連結求解，才理解為什麼心齋坐忘的工夫，最後要講「氣」，就是人的生命之氣要與天地的自然氣化，加上人間的人文氣象同體流行——牧童騎在牛背上，還吹奏〈牧笛〉，天地的美都在「山氣日夕佳，飛鳥相與還」的河道水岸邊，整個天地的美好就在那裡；這不是天道在每一當下的開顯嗎？

解牛不是技藝的演出，而是道的開顯

所以庖丁解牛，就在音樂的節奏中，且以舞蹈的動作，解牛的過程如同藝術創作的現場，文惠君給出很高的評價，說：「先生解牛的技藝竟然到了如此高超的境地，令人歎為觀止！」未料庖丁竟然嚴重抗議，說：「臣之所好者道也，進乎技矣！」

解牛的工夫是道的體現，可不是技藝的演出——不是器用，而是道行。如同牧童騎在牛背上，整個天地就在那裡，那是道的開顯。世界的美好本來就在那裡，所謂的「解」，開啟了天道就在當下現前的大門。人為造作解消了，人間的障隔清除了，道就在眼前開顯；人生的真實美好在此，天地的壯麗開闊在此，文學藝術音樂的美學原理也在此，源頭就在修德與道行所給出的餘地與閒情，不止遊刃，重點在有餘，還有多餘的空間，所謂的美感就藏身於此。

再說，第一關就是田園：田園有農耕、農作，農夫農忙總是家常日常。第二關是山水：就是從田園出走，遊山玩水去也。現今諸多勞苦一生的農家老先生與老太太盛行出國旅遊觀光，不光是觀賞台灣鄉土的景觀，他們也到世界各國的名山大川與文明都會去觀光；走離田園耕作，給自己一段假期。問題在都會只能路過閒逛，而山水美景也只能佇足觀賞，它不是家不是生命的根土啊：在西湖遊湖、看桂林甲天下的山水、看黃山奇峰異石的美景，它不能成為我們安身立命的根土。所以到了第三關，要把山水的空靈帶回自家的田園，田園中藏有山水，解消田園勞累，而山水空靈不離生命根土，山水融入田園，可以依止，也可以停靠。

換句話說，要從愚公移山，山擋住前行去路，試圖把它推開剷平；轉換而為「悠然見南山」，山很美，就像陶淵明，一看就悠然融入了嘛。其間轉化的過程，在「見山不是山，見水不是水」的自我消解，此是工夫的轉關。一定要經過「不是」，才會「更是」。本來的「是」還不算數，因為未經試煉，沒有涵養、沒有提升，它只是現象自然的山水；通過「不是」的反思翻越，自然山水融入人文理境，在吾心虛靜觀照之下照現它，山水就不再是原初被物質性所束縛的山水，它轉化而成精神性之理境開顯的山水了。那就是山水畫、田園詩的詩情畫意，跟原來自然天行的山水不一樣了。所以其間一定要通過第二關心境的轉化與人文的提升。

「物化」既是工夫，又是境界

這個轉化的工夫，莊子說是「物化」，在莊周夢為蝴蝶的那一段寓言，說經由工夫修養的生命轉化就是「物化」。「物化」有兩層意思，第一層意思是形體的「解消」，莊周夢為蝴蝶是形體的解消，如同夢裡的世界那麼閒散自在，因為解消了形體的負累與障隔。也就是〈齊物論〉篇首「萬竅怒呺」的寓言所說：「今者吾喪我」的修養與轉化。今天心神的我把形體的我解消了，所以心神的我擺脫了形體的拘限，而顯現生命的自在。第二層意思是精神的「融入」，物的有限性彼此解消了，通過人文的點化而相互融入。道家的自然是經過人文點化的，跟孟子說的「君子所過者化」有同等意涵。通過生命人格的穿透力，一點它就化了，像魔術棒一樣，當下一指點，立即翻轉不再是舊時面目了。所以要通過第二關彼此解消的「不是山不是水」，才有第三關相互融入的「祇是山祇是水」，甚至「更是山更是水」之全新境界的開顯。

原本守住田園耕作，其後則走一趟山水的觀光之旅，最後將山水的空靈帶回田園，讓田園中藏有山水，這不就是中國人文傳統的庭園藝術嗎？我們是把山水帶回家的，你到上海、蘇州看看，四大名園不都是把山水帶回自家的後院嗎？日本佛寺的枯山水說是禪意，試圖把山水藏在庭園，而且是遠離俗染塵囂的枯山水；所以引山水回歸田園，田園中藏有山水，田園生活不再有苦累之感，而可以依止安頓。這是老莊道家開發出來的人生智慧。

田園中自有山水的理境，可以轉化成在家、出家與回家的三層境，來回應佛門出家修行的進路。我認為出家不一定是究竟，回家才是究竟。修行人出家是為了要帶每一個人回家，發自普渡眾生的慈心悲願；出家師父要把在家弟子帶往何處去？最有道行的人是帶在家眾走一條在家修行再回家的路，那才是菩薩道。那他本身呢？他本身出家修佛才是究竟，因為他要接引，要普渡眾生；那要把眾弟子接引到哪裡去？接引到回家的路上去！或許這就是「人間佛教」的本有意涵吧！儒道兩家的人文精神已經融入其中。

面對權勢要形「就」心「和」

〈人間世〉有一段「顏闔將傅衛靈公太子」的寓言，如何擔當太子師傅的重任呢？要怎麼教導才不會危害自身呢？中國人是用政治救人的，因為用政治救人，所以帝王家的人格養成是最重大的事；問題在王位是世襲的，所以中國讀書人投入治國平天下的外王志業，一者做輔佐皇帝的宰相，二者當皇帝成長路上的老師，也就是做太子的師傅，教導他要有理想性與責任感，才足以擔當治國平天下的大任。

顏闔問蘧伯玉（衛國賢臣），要怎麼樣擔任天生性情涼薄之太子的師傅？蘧伯玉給出提點，第一點就是：「形莫若就，心莫若和」。在第二章說心跟形是並列，而形跟德也是對舉；所以修養工夫由「心」主導，成長的是天生本真的「德」。衛國這個太子是「其德天殺」——天生的涼薄人。意謂他的眼光老看到別人的錯，只有他一個人對；寧我負天下人，不讓天下人負我，這樣的人就是「其德天殺」。假定不好好教他，那麼就置國家於險地了，因為他是要繼承王位的；問題是要好好教他，那就可能傷害到你自身了，你會置生命於不可知的險境，因為他是「其德天殺」的王位繼承人。所以怎麼教他，頓成難題。

蘧伯玉給出的解方是「形莫若就，心莫若和」——你的形體要遷就，跟他親近；

而心則保持平和，不跟他對抗。這樣大概可以既教導他，又不會引起他的反感抗拒；讓他未來可以治國平天下，又不會傷害到師傅自身。

「形就」不「入」，「心和」不「出」

由此來看，當太子的師傅實在太辛苦了！不過這也要看什麼朝代，宋明儒當太子師傅是責求太子的，程伊川就是此中的代表人物。這是儒家的風骨，為所當為。莊子講的是身處亂世，要擺出「形莫若就，心莫若和」的道家姿態，比較不會出問題；還是要盡師傅的職責，形體是遷就他，而心是平和的。不過這樣會引來後遺症與副作用；因為你「形莫若就」，就會「形就而入」——會因遷就而跟著掉進去，跟他同歸沉落了，所以這是一個兩難困境。

「心莫若和」亦然，你就會「心和而出」，「出」就是凸顯你的優越；譬如學生在生悶氣，師傅卻平靜如昔，那他會受不了。就像陪朋友喝酒，他已經有幾分酒意了，而你還很清醒，他就受不了，所以一定會強力勸酒，還另加一句：受不了你們哲學家冷眼看我們喝酒。那位先生就是可以呼風喚雨的高信疆，他是《中國時報》鼎盛時期的副刊主編；我們一起在名歷史學者雷家驥教授家作客，我實在沒有縱情一醉的酒量，聽他這麼一說，那好吧，不論是朋友情義或江湖道義，他要我喝那一小杯伏特加，那就陪君一醉吧！因為他受不了我冷眼旁觀，所以你很清醒就很凸顯優越，對方會受不了你的「眾人皆醉我獨醒」喔！

所以你太遷就他，就會跟著他掉落，也就是相互牽引、同歸沉落的「並作」；他在狂亂的時候，你又是那麼心平氣和，這就顯得很突出，而突出代表優越，把他給比下去了，他怎麼受得了。那要怎麼消解這一兩難困境？就得做到第二點：「就不欲入，和不欲出」——你要「就」但不能「入」，你要「和」但不能「出」。

人生的艱難就在：遷就，卻不掉進去；平和，卻不凸顯自己。千萬不要在人家很生氣的時候你卻冷冷的說：這有什麼好生氣的，那就犯了「心和而出」的忌諱。所以有時候坐計程車，司機大罵什麼黨，總要不著邊際的陪他說兩句；可不要在後座給出評論說：老兄，我看閣下的看法大有問題！那他立刻在路中央停下來，要你下車，因為道不同不相為謀，沒有什麼好說的。他罵幾句是為自己平反；他罵國民黨就超越國民黨，罵民進黨就超越民進黨，罵陳水扁就超越陳水扁，罵李登輝就超越李登輝，那他就是台灣第一人了。所以你下車時還要助講兩句說：吾兄聖明，遠遠把陳水扁和李登輝拋在後頭。實則他也不一定當真，他只是抒發一點生命的悶氣就是了。

「益多」和「菑人」的負面效應

假定做到第一點「形莫若就，心莫若和」，卻不免掉入「形就而入，心和而出」的負面效應，那「形就而入」等同「益多」，「心和而出」無異「菑人」（菑，同「災」）。這也是〈人間世〉另一個寓言，說顏回跟孔子辭行，孔子問他要去哪裡，顏回說我要到衛國去。又問前往衛國做什麼？回說去救衛國君臣上下。孔子就慎重跟他說：你此去有兩大危機，第一個「心和而出」，凸顯你的優越，說貴國君臣上下都有問題，一到衛國就得罪了衛國君臣上下；你此行成了「菑人」——帶來災難的人。你的救人行動，實則扮演菑人的角色；你說他們不對，不就是帶來災難的人嗎？

所以我們勸別人一定要有足夠的交情，在對方心上一定要有分量，一定要得到信任，一定要能委婉，一定要站在他的立足點，跟他一樣的感受；你不能站在他的心思之外說話，你未達人心，又未達人氣，再大的善意勸言他都感受不到，因為你志在凸顯你自己的對，他都錯、你都對，憑什麼他都錯、你都對？你說我是好意，我來救人！實則你是帶來災難的人，你逼他落在不對的困境；所以「心和而出」大大不妙。

不要「心和而出」成了「菑人」，而「形就而入」又成了「益多」。孔子告訴顏回：你進入衛國的宮廷，滿朝文武立於兩側，氣勢威武肅殺，本來你要說對方諸多不對之處，在面對君王的氣勢威懾之下，反而高喊萬歲，吾皇萬歲萬萬歲！這就變質而成了「益多」，加重了災情，反而成了他的啦啦隊了，助長他專制獨斷的氣勢。

切莫以水救水，以火救火

這是兩個極端，第一個你扮演了帶來災難者的角色，此其後果是「人必反災之」；因為你說他不對，他也會想盡辦法讓你不對，所以你此去大概很難全身而退了。第二個你為威勢所迫，反而成了他的支持者，變質而成為對方的啦啦隊，助長了對方不可一世的氣勢，而加重了災情。所以圍繞在政治領導人身邊的人，能夠講出真話的人真的不多，不做災人，就成了益多。

讀了莊子，可以超離「菑人」與「益多」的兩難困境。我曾被邀請去跟李登輝總統談了一個半鐘頭的話，還好我表達敬意，只說：總統先生日理萬機，一定很辛苦，面對兩岸角力，還得處理內部的政爭。他擔負重任，我表達敬重之意。那是因為讀書人無所求啊！此所以面對權勢，要維繫一個讀書人的風骨，老實說不是那麼容易的，那可是嚴重的考驗；你一生讀書、修養，就是為了應對那一刻；那個重大的時刻來臨你能不能挺得住？挺得住才行，不然你就可能成了「益多」。

「益多」是以水救水，以火救火：本來是來救水患，沒想到你又帶來了更多的水；本來是來救火災，卻反而在火上加油。本來要「拯斯民於水火」，結果卻引來更多的水去救水，點更多的火去救火，反而增長了君王的威勢，還在那邊喊萬歲，說他聖明。因為那個現場感，是滿朝文武的權勢核心，名利的源頭都在那裡。

原來人生的難關在此，成長的苦算什麼？面對權勢才是真正的難關，才是嚴重的考驗！莊子的名言：救人是菑人，而愛人是害人，所以你一定要有智慧。可別「心和而出」成了「菑人」，「形就而入」反成「益多」！所以要真切體會「就不欲入，和不欲出」的處世智慧。問題是談何容易，一定要有工夫作為根柢才做得到。

虛靜觀照達人心，同體流行達人氣

孔子給出的何以救人是「菑人」的解釋，他用「未達人心」與「未達人氣」兩句話來說，並告誡顏回：「若殆往而刑耳」——你此去大概會被傷害而回吧！直白的說就是：你很難全身而退了。由於自家有想去救人的優越感，所謂「未達人心」與「未達人氣」的意涵，就在你的心在他的心之外，你的氣也在他的氣之外，他無感你就感動不了他。

所以人我之間的互動，最大的難題就在「未達」，「達人心」就是虛靜觀照的貼心，「達人氣」就是同體流行的感應。「達人心」就由「無聽之以心」的虛靜觀照而來，達人心是貼心，達人氣是體貼，我可以直接照現你的本德天真；「達人氣」就由「聽之以氣」之氣的釋放而有，既同在又同行，雖就而不入，雖和而不出：人陪伴，而沒有陷落；心平和，而沒有凸顯，化解因正面而帶來的負面效應。

此外〈應帝王〉篇的開頭就說了：「遊心於淡，合氣於漠。」心要跟他共遊同在，氣要跟他感應同行。心在形氣中是存在處境，二者一體而不可分，今天也講「淡漠」，不過就莊子來說是無心無為的意思，有些詞語一定要唸經典才知道它本來的意涵。要「無心」，人生才「無非遊也」；要「無為」，人間才「無不可遊」。「無聽之以心」，心才可遊；而「聽之以氣」，氣才能合。心跟氣都要「無」，「無」了「心」可遊，而「氣」能合，人物走在人間的人生行程，就可以在平齊「物論」中「逍遙」而遊了。

心「淡」可遊，氣「漠」能合

莊子說「未達」特顯高明，儒家的「達」是就「己欲立而立人，己欲達而達人」

而說，我自己想要通達人間，我也要讓你通達人間；我自己想要挺立自我，我也要讓你挺立自我。這是儒家的「推己及人」的恕道。我自己想要擁有的美好，也希望天下人同樣擁有。

道家不如斯說，因為儒家把重心放在自己的身上，而道家要把重點放在對方的身上：我的心與你同在，我的氣與你同行。前者是貼心，後者是體貼。所以莊子的「淡」是無心，「漠」是無為，無掉我自己的心，也無掉我自己的為，無心達人心，無為達人氣。也就是人我之間「心」同樣的感受，「氣」也同樣的流行，前者可遊、後者能合就是道家式的「達」。儒家式的「達」重點在我給他、我愛他；道家式的「達」在我看他、我陪他。

政治領袖本身要「遊心於淡，合氣於漠」，要「無聽之以心，而聽之以氣」，他才可以達天下人的心，達天下人的氣。前總統李登輝的魅力無窮，引來的批評也數不清；他領導台灣的走向，他也擔負台灣的未來，台灣人所有的好，他有功勞，而所有的不好，他也要承擔。你以為他不關心台灣嗎？其實他只是太儒家式的把重心放在自己，放在他認定的好，他應該把儒家式的自己放下來，轉而走道家的進路，通過台灣鄉土來看兩岸問題，那是兩千三百萬人的願望，也是十四億人口的前景；不是政治領導人的意志而是十幾億人民怎麼想。

所以，兩岸關係的處理就要「達人心，達人氣」；達兩岸人民的心，達兩岸人民的氣。不然的話，救人反成「菑人」，愛人無異害人，因為太凸顯自己而抹殺天下人了。

無心達人心，無為達人氣

「庖丁解牛」不是要「刀刃無厚」先解消自己的心知執著嗎？自己的心知執著解消了，頓覺天地開闊，人間可遊，生成原理的道就在人間開顯朗現了；所以「解」不是逼它消失，大家都不要它了；而是化解的作用讓它活回來，「神遇」不是牛又回來了嗎？「無」是化解的作用，而作用的保存原本的「有」，這就是道家「有生於無」的生成原理。

這是儒道兩家兩個類型的救，兩個型態的生：儒家是把我的好給你，道家是我看到你的好；儒家忙著讓自己好，再把好帶給別人，仁者愛人是我把最好的給你。問題是那他的好在哪裡呢？他只是接受你的好嗎？他的存在意義就只是接受你的好嗎？所以更重要的一點，在我看到你的好。道家反思儒家的人生哲學，只是把自己的好給別人，但是別人的感受卻不大能融入契合，因為未達人心、未達人氣啊。所以儒家的

「生」在我給你，道家的「生」在我看你。

「吾以觀復」，意謂你的「觀」會讓對方重生。所以庖丁解牛的「解」是解消自己，把自己無了，解開心知的執著，才會達人心、達人氣。你要「淡」，「淡」就是無了我自己的「心」；你要「漠」，「漠」就是無了我自己的「為」。我沒有了我的堅持，我尊重你的感受；我沒有了我的理念，我尊重你的想法。老子就說：「聖人無常心，以百姓心為心。」（四十九章）聖人沒有自己的心，百姓的心就是他的心；也就是莊子說的：「遊心於淡，合氣於漠。」淡漠就是道家的「無」，無心且無為。

天下萬物生於道的「有」，而道的「有」生於道的「無」，這是「有生於無」的生成原理，所以要達人心、達人氣，就要自己的心跟氣先淡漠；達人心是「無聽之以心」的虛靜觀照而照現天下人的心，達人氣是「而聽之以氣」的釋放氣，而與天地之氣同體流行。

「支離」其德是「解消」德的「執著」

莊子所說的「支離其德」，卻從「支離其形」切入。在〈人間世〉、〈德充符〉請出諸多殘缺的寓言人物，莊子對人間的殘缺人物給出廣大的同情，「支離其形」的殘缺，實則指涉的是「支離其德」的工夫修養。那些殘缺人物都活得自在，且最有感動人的魅力，像王駘（〈德充符〉）這樣的殘缺人物，沒有驚人的藝業，也沒有發表動人的議論，天涯淪落人都可以在王駘那裡找回在人間街頭失落的自己；好像自己什麼都有了，什麼也不欠缺。另有哀駘它，不僅殘缺，且長相嚇人，卻得到魯哀公的信任。哀公有意請他執政，他似乎無可無不可，哀公自以為誠意不夠，最後決定把君位讓給他，沒想到他不帶走一片雲彩，就走了。哀公深以為憾，請教孔子為什麼他不接受我要借重他的誠意呢？哀駘它身上散發人格的穿透力與精神的感染力，兩位寓言人物都是「支離其形」的殘缺人物，卻具有驚人的魅力，關鍵在「支離其德」的人生智慧，他們把自己「無」了，而人間真實美好的「有」，都生於修養工夫的「無」，這是「有生於無」的生成原理，也是「無了才有」的生命大智慧。

所謂「支離其德」，也就是德不形於外。支離意謂把德解消，把它放下，而不要執著與造作。不要老讓自己的「德」，以優越的姿態在人間散發光采，德不形於外而涵藏於內。「德充於內」而不形之於外，道家講「內斂涵藏」，「庖丁解牛」的那把刀，最後要「善刀而藏之」——把那把刀插入刀鞘裡面，才不會壓迫別人，內斂涵藏，不顯光采，熱力也不會消散。老是發光，會刺傷別人的眼睛，因為光芒太盛了，鋒芒畢露，把天下當作自家的舞台，當然引生反感。所以德不形於外，也就是「德充於內」，就老子說是「上德不德，是以有德」（三十八章），因為不德就是不以德為德，不執著自己的德，不賣弄不炫耀，德不形之於外，德不顯露於外，就不會消散，不會耗損，不會去壓迫別人，也不會去刺傷別人，不德才有德，德充於內而保有天生本真的德。說是「上德」，是不止於「德充於內」，更可以「符應於外」，與人間天下和諧共處。

心止於「符」是責求，「符」應於外是感應

〈德充符〉的「符」跟〈人間世〉「心止於符」的「符」，意涵大有不同。「心止於符」就像畫符唸咒一樣，要控制外在的物事，畫一個符等於立一個標準，然後要求天下人符合我的標準。而〈德充符〉的符是我「符應於外」；就像一個兵符，本來是一體的，因為「將在外，君命有所不受」，所以把那個兵符剖成兩半，一半給遠征的大將，一半留在君王身邊；君王下達聖旨給邊臣大將，要把這一半兵符帶去，那位將軍再把收藏在自己身上的另一半兵符請出來對應，兩半「符合」為一，就可以確定是皇上聖旨到了。不然幾千里之外指揮大軍，萬一有人假傳聖旨呢？誤傳軍情呢？所以以前兵符剖成兩半，再求合為一體，這叫符合。

所以這裡的符是正面的意思，而「心止於符」，是責求天下人要符合我的心知所執定的價值標準。德充於內自然符應於外，是因為你的德是天真，而對方也以一樣的天真回應；所以我說這叫「天作之合」，符應就是天作之合。你天真他也天真，天真交會；你童心他也童心，童心契合；你家家酒他也家家酒，你是真的，他也是真的；這就是民間鄉土的家常與日常，「才全」就是在家常日常中，德不求形之於外，而保住每一個人天生本真的「德」。「德不形」是「不德」，而「才全」是「有德」。老子的「不德有德」，與莊子的「才全而德不形」，前後相承，而意涵等同。

「才全」是很難的，人生路上都會有挫敗的感傷與落寞的蒼涼，落在「前不見古人，後不見來者」（唐．陳子昂〈登幽州臺歌〉）的孤獨中，除非你有山不轉而路轉的幸運，「行到水窮處，坐看雲起時」（唐．王維〈終南別業〉），將「山窮水盡疑無路」，轉向「柳暗花明又一村」，所以人要看得到，也要等得著，不僅山不轉路轉，還要路不轉人轉，更根本是人不轉心轉；不然人生會逼到山窮水盡，而前進無路。回教開創者穆罕默德有一回要在眾信徒面前展現他的神通，就說：「山，給我過來！」結果山不動，他接著說：「山不來，那我們去！」結果不是一樣嗎？這號人物真是了不起的英雄豪傑！山不轉立即心來轉，一轉念說出真言：「山不來，那我們去！」是啊，山不轉，路可以轉，路不轉，人可以轉，人不轉，心可以轉。

所以「為有源頭活水來」，源頭活水就在我們的「心」，你心齋、坐忘，就可以「達人心」、「達人氣」而「同於大通」；可不要落在「救人」反成「菑人」，甚至衛國沒救成，反成加重災情之以火救火、以水救水的「益多」。

支離其德，天真符應

今天討論的主題在「才全德不形」的本德天真，通過〈人間世〉、〈德充符〉之幾大段寓言中的殘缺人物，以「支離其形」來象徵「支離其德」的人格修養。所以「支離其形」，不是形體的殘缺，而是修行的支離；修行的支離不是天生命定的無可奈何，而是把自己的美好放下，把自己的武裝解消，自我的精采放下，自我的防衛消除，就是莊子「支離其德」的真正意涵。莊子說「支離其形」，實則要我們「支離其德」——解消我的德。就像我說「茶道」就是從「烏龍」發端，哪裡有龍？忘掉我是一條龍，這是開啟茶道的智慧；烏龍就是「支離其德」。「支離其德」也就是「德不形」，就是德不形於外，加上「於外」二字，意思立即顯豁許多。

不要讓自己的德形之於外，每天展現自己的光采亮麗。因為德形於外，不僅耗損自己，且老是壓迫別人。你自己在耗損能量，別人又承受到你的壓力，這樣有意義嗎？所以不形於外，大家都德充於內，一起內斂涵藏。本德就是天真，自己天真會引發親友的天真，天真相互感應，就是一體感，就像兩半兵符合為一體，有如天作之合的完美！所以「聽之以氣」就是天作之合，因為本來「通天下」就是「一氣耳」。天真跟天真的心靈契合所引來的氣質感應，每一個人天生的「才」都可以存全了。

「才」的本義就是「木之始生者」，木之始生就是剛萌芽的階段，才全意謂不失天真，如同樸質的木頭與天真的嬰兒，所以老子說「復歸於樸」、「復歸於嬰兒」（二十八章）。「才」就是現階段我們講的「天才」，天才本來的意思就是天生的才，剛萌芽就是本來的真，故謂「天生本真」。所以人生路上永遠存全我們的天真，不是光四歲五歲天真，四十五十也天真，七老八十更天真，這就是「才全」的本有意涵。此生沒有什麼遺憾，沒有什麼悲苦，沒有什麼傷痛，而保有本來的真，這就是「才全」。

人人天真修成正果

〈德充符〉篇「才全」與「德不形」皆分別下定義，講德不形是：「平者，水停之盛也，其可以為法也；內保之而外不蕩也。」水平水平，平就是「水停之盛」，象徵你內心很平靜，人間行走不會流蕩失真。「才全」就是要穿越「事之變」跟「命之行」的兩道關卡，人生要通過這兩大考驗，一個是人事的變遷，一個是氣命的流行。人事的變遷就由社會的動變而來，以現代來說是政黨輪替，在過往的年代則是改朝換代，這是天翻地覆的人事的變遷。

人生是一定要穿越氣命的流行跟人事的變遷這兩道關卡的，一是自我的命，一是天下的義，〈人間世〉說：「天下有大戒二，其一命也，其一義也。」通過這兩大關卡與雙重困苦的考驗，依然可以保存自家的天真，代表你真的很看得開，很放得下，總說是很有道家智慧。要穿越人生的困苦跟難關，啟動我們的「心」去打開出路，活出我們的天真，「德充於內」，而永保存在本質的天真，就是「才全」。

那要怎麼修養？就在心齋坐忘嘛，「聽之以氣」與「同於大通」，「才全」之道就在德不形。所以最後就落在一生路上可以存全每一個人的天生本真，這就是修成正果；不是當大官、享厚祿，不是擁有名利、抓住權勢，不是打垮別人，不是把成功的榮耀建立在別人挫敗的基礎上，而是大家一起「德不形」，一起「才全」，人人皆天真，人人皆自在。

人人無憾，共同「完」成人我之間的「美」，才是真正的完美，也共同圓了人我之間的「滿」，才是真正的圓滿。

第五章

用心若鏡的實現原理

「至人之用心若鏡」，鏡子有什麼殊勝？鏡子是「不將不迎」——它不會抗拒什麼也不想迎接什麼。它沒有自己的執著，也沒有自己的好惡，它只是空靈，把自己虛了，讓自己靜下來，它沒有成心，也沒有分別心。鏡子更是「應而不藏」，它直接照現在鏡子面前每一個人的本來面目，不增不減還他自家的真實面貌。鏡子虛靜，無心無知，也無為無用，心知執著與人為造作都「無」了，才能在「不將不迎」中「應而不藏」，只是如實照現，而不深藏心中，以顯發「勝物而不傷」的生成妙用。

何謂哲學？最簡單的說法，它就是宇宙人生的究極學問，宇是上下四方，宙是古往今來，也就是在大宇長宙之間，天地是怎麼來的，萬物是如何生成的，與人活一生的終極歸鄉在哪裡的問題，都要有一終極存有的天或道，來給出合理的解釋，並由此一合理的解釋來保證萬物的存在，並賦予生命存在的價值意義。

萬物存在的終極原理

老子說：「無，名天地之始；有，名萬物之母。」（一章）從「道」的「無」說天地的根源，從「道」的「有」說萬物的生成。老子又說：「天下有始，以為天下母。」（五十二章）「始」與「母」又是一體不可分，「道」既是天地的根源之始，又是萬物的生成之母。道的「有」可以合理的解釋萬物的存在，道的「無」可以合理的解釋「道」本身的存在。道「獨立而不改」，它是它自己存在的理由，所以說「道法自然」；道又是「周行而不殆」，它同時偏在天地間的每一角落。「獨立而不改」的「無」，合理的解釋它自己的存在，「周行而不殆」的「有」，合理解釋萬物的存在，就在合理的解釋萬物之存在的同時，保證了萬物的存在。

所以人生的道路，就在走天道的路，問題在人物有限，而人間複雜形成人生的存在處境與困局，所以人生的修養，在經由致虛守靜與心齋坐忘的工夫，解消人物的有限性與人間的複雜性，而回歸人性的本德天真，與人間的一體和諧，「乘物以遊心，託不得已以養中」的道理在此。

「道」的兩面向之外，尚有「道」的雙重性，「周行而不殆」的「有」，是「天下萬物生於有」的生成作用；而「周行而不殆」的「有」，生於「獨立而不改」的「無」，則是「有生於無」的生成原理。此所以「怒者其誰」之為歎號的「有」，是生成作用；而「怒者其誰」之為問號的「無」，則是生成原理。這就是老莊前後相承之合理解釋萬物之存在的終極原理。

大道成其小則失其大，真言榮於華則失其真

〈齊物論〉說：「道惡乎隱而有真偽，言惡乎隱而有是非。」道到底隱藏到哪裡去了，不然怎麼會有真偽之分呢？其實道怎麼會有真假，道的理保證它永遠是真的，不可能有假的；當人間的道會有真假之爭的時候，代表道已在人間隱退，這就是「大道廢，有仁義」（《道德經》十八章）的意涵所在。此外，道是通過我們的言語來說的，《道德經》第一章開宗明義就講：「道可道，非常道；名可名，非常名。」名就

是言；你看神父驅魔，開口就說「以上帝之名」。「以上帝之名」就是以上帝之實，意思就是我代表上帝，有如上帝親臨現場。

我們講「念動真言」，真言可不是咒語，真言一定出自存在之理；因為「真」的才存在，「假」的是虛幻不實。言說合乎道，就是真言；言說背離道，那就是妄言。（佛教說「假名」，假名是說名言只是一時的詮表，只是方便說，所以不可停留在方便說的名言上，因為它不究竟。）因為道要通過名言來說，而言說不等於道，「言」是用來說「道」的，所以當我們那個名言出現的時候，指涉的是道的實理。此所以道是人生的道路，而名是價值的內涵。

「道惡乎隱而有真偽」的道是大道，「言惡乎隱而有是非」的言是真言，問大道到底隱藏到何處去了，不然的話，人間的道怎麼會有真假之分呢？底下再問真言到底隱藏到何處去了，不然的話，人間的言怎麼會有是非之別呢？人間生出了這麼多是非，就代表真言已然隱退；因為都不說真話了，都不做真人了，而人間的道竟然有了真假之分，就意味著大道已然在人間隱退；都真情失落，也真相不明。

莊子一開始就告訴我們：大道隱退了，真言隱退了。何以見得？因為有真假之分、有是非之別嘛。其實我們最受不了人物的真真假假，與人間的是是非非，我們哪裡有那麼多的時間，與那麼專注的精神虛耗在真真假假與是是非非裡面！問題在，我們就是會被牽動。此其理論依據就在第二句「道惡乎往而不存？言惡乎存而不可？」「惡」當「何」解，大道有什麼它所往而不存的？真言有什麼它所存而不可的？此由逼問而透顯出正面的道理：本來大道是所往皆存，真言是所存皆可的。

一個美麗新世界，所謂的淨土跟天國，就是：道無往而不存，言無存而不可。這樣人間天下不就沒了諸多不必要的猜測，沒了諸多莫須有的誤解，這就是〈齊物論〉的真精神！不過，總結在第三句的「道隱於小成，言隱於榮華」，此告訴天下人的是：「道」成其小則失其大，「言」榮於華則失其真。失其大則大道隱退，失其真則真言退藏。

大道在人間顯現，真言在人我之間交會

莊子的論述，大道是無所不在的，真言是無所不可的；人人都是真的，也都是對的。你看幼兒園的小朋友，全都是真的，也全都是對的。所以在托兒所，或是在育嬰室，大道就在那裡，真言就在那裡，哭聲都是真音，全幅生命都在那裡。所以道是無往而不存，言是無存而不可，〈齊物論〉的真精神就在對天下萬物的整體大肯定：道在每一個人的身上，天籟就在地籟與人籟之中，地籟人籟都是天籟的顯現，這就是道

無往而不存，你把它轉換成正面的語句，就是道所往皆存。

此時不管你是儒家或墨家，言所存皆可——人籟之真與地籟之和，都是真音，都是天籟；因為都是通過生命的自然而發出來的。每一個人都是一竅，而每一竅都是真的，重點在此。竅與竅之間，不同的竅穴，發出不同的聲調，只要每一竅發出來的聲音都是真的，那整全的地籟一定是一體和諧的，而這就是天籟在人間的朗現！莊子給出一個整體的大肯定，我們很少看到哲學家有這樣的大心胸、大氣魄——道所往皆存，言所存皆可！

莊子的關懷在：大道怎麼隱退了，真言怎麼隱退了？隱是隱藏、在人間消失不見的意思；本來「隱藏」是自我的隱藏，可以說是自我的修養；「隱退」則涵藏對人世間的厭倦，好像生命承受挫折，甚至心靈有了創傷才退出的。所以我覺得莊子問的是：大道到底隱藏到哪裡去了，不然怎麼會有真假之分？真言到底隱藏到哪裡去了，不然怎麼會有是非之別？假定我們對人世間「別有一番滋味在心頭」的話，那是因為受不了人世間的是是非非與真真假假。不是大道會受不了，也不是真言會受不了；受不了的一定是人的心，是人生路上的真切感受。我相信大道總是在人間顯現，真言總是在人我之間交會。

小成失落大道，榮華遮蔽真言

綜合第一句的現象反省，與第二句的理論根據，第三句給出一個論定：「道隱於小成，言隱於榮華。」解讀莊子要依據莊子原典來理解，這邊說小成，所以就可知「道」的本來當該是無所不在的大道。「道隱於小成」，大道的隱退就在小成中，你執著某一部分，想要成就某一部分，這叫小成。「言隱於榮華」，這個「言」的本來當該是素樸的言，最素樸的語言一定是最真的語言，因為它不會加進那些渲染的、煽情的、華麗的詞藻，最簡單就是直接說。

所以真言為什麼隱退？因為隱退在它多餘的榮華中。可見榮華是虛假不實的，經由炒作包裝，榮華是人為打造；因為加進了人為的造作，反而失落了素樸的真。當然也不要一語道破，因為人世間總要有人文的涵養，或者是生命的情趣，或者要留有轉寰的餘地。不過也不能堆砌華麗的詞藻，而掩蓋了真情，真言就會在華麗的詞藻中消失不見。

因為大道就在小成中隱退，真言就在榮華中消散，所以他底下說：「故有儒墨之是非。」意謂儒墨的是非就是由此而來。儒在成就自家的小，墨也在成就自家的小；然後大道就在兩家的小成中隱退。話這樣說實在是太傷孔夫子跟墨子了，一個是人文化成的至聖先師，一個是為平民爭權益的墨家開創者；老莊道家正是儒墨兩家之外的第三家。假定儒家墨家的是是非非是來自小成與榮華的話，那是因為他們雙方在論辯，墨子反孔子，孟子批墨子，兩家的論辯都加進了榮華的語言，因為要有說服力、爆發力，所以就用了一些比較激烈的言辭，像孟子判楊墨是「禽獸也」，這個是很嚴重的話，也實在說得很精采，所以讀孟子書會氣勢昂揚。

倘若生命落入低潮，感到莫名的恐慌，我就會勸他每天誦讀孟子的「知言養氣」章；儘管他用語過於咄咄逼人，但實在是理直氣壯。所以儒墨兩大學派思想形成「自是而非他」的是非之爭，成就的是自家的小，用榮華的語言來凸顯自己，甚至也用榮華的語言去質疑辯難天下其他流派的思想，而失落了「道」本來的「大」與「言」本來的「真」，也就是大道隱退，真言隱退，所以莊子要解消儒墨的是非之爭。

人人皆然，家家皆可

這樣的思考，不是判定儒家墨家都不對，只有莊子自家對。說隱退或退藏，正意味著「實現原理」的生成作用出了問題，大道退藏而真言消散，人間的價值就在根本處動搖了。所以莊子在痛切的反省之後，拋出兩大觀點，一是「物固有所然，物固有所可」，二是「無物不然，無物不可」。無物不然與無物不可就是「存在皆合理」，凡存在的一定有道的理在支撐，不然它不會存在。因為物的存在是通過一個實現原理來生成的，萬物的存在是以道的理作為存在的依據，道在哪裡，萬物就在哪裡。像萬竅的每一竅皆「固有所然，固有所可」，它只要在「咸其自取」的發出自家的真音，它就是「怒者其誰」之天籟在人間的顯現。所以我說人籟之真、地籟之和就是天籟。

本來「物固有所然，物固有所可」，就是每一個人都有自家的特質，只是天下人沒有傾聽也沒有觀賞而已。這是人世間的大痛，太多人一生的美好精采沒有人聽聞看到，甚至父母家人都視而不見，也聽而不聞，而有孤獨過一生的遺憾！

有天早上我到家附近的診所去看病，本來這時間應該去講經授課普渡眾生的，結果反倒自己去就醫求救。我進去診所的時候，一個小朋友坐在我身旁，大概是小學生吧，沒多久他爸爸進來猛罵他：「我要你先來掛號，你怎麼沒有呢？要我到了才掛號，不是拖延時間嗎？」孩子不曉得有什麼不大聽話的姿態，爸爸舉手就要拍打下去；我趕快說：「請別生氣！他那麼小的年齡，怎麼敢跟櫃檯小姐說他要掛號？」想童年時候我也不敢說，那樣的年齡總覺得自己是在大人世界之外的，那是爸爸媽媽的事情，跟大人打交道是大人的事，他只負責上學寫功課，跟同學玩遊戲。我轉頭再認真一看，蠻清秀的嘛，做爸爸的怎麼可以在眾人面前罵他，而不顧兒子的感受！我當下就看到他的「然」也認了他的「可」，做爸爸的竟沒有看到他的「然」也沒有認他的「可」，而且他正在生病啊！一問之下，早上肚子拉了幾回，想必肚子也痛吧！在一旁另有一位媽媽抱著兒子，那個兒子說頭很痛，大概感冒還是什麼的，媽媽緊緊抱住他的神情，疼惜才對嘛，那個「然」跟「可」才會出得來嘛。這個爸爸可能要上班，時間很緊急吧，才會失去了做爸爸本身的「然」與「可」！

那個孩子的然與可，一個人一生的然與可，真的可能會被漠視、被埋沒。假定大道隱退、真言隱退的話，這個「道」的支撐沒有了，整個存在的基礎都動搖了。你想想看：天下父母心都不在的話，兒女的成長真是在風雨飄搖中。

有聖人之道，無聖人之才

天道生萬物，每一物都有它的然，都有它的可；每一個人都有他的天分，只是你的天分不一定被發現而已；人生的幸與不幸就在有沒有被看到。上一章講「才全」，才全有兩個意思，一個是普遍性的意思，就是「才全德不形」的那個「才全」，人生路上要存全自家的天真，可不要失落天生本有的美好；這是普遍性，因為人人都是天生本真；所以人生的修養就是讓我們一生都天真，少也天真，老也天真。

另外「才」的第二個意思是特殊性的意思，在〈大宗師〉裡面「南伯子葵問乎女偊」那一段，南伯子葵問女偊：你看起來怎麼這麼年輕？「子之年長矣，而色若孺子，何也？」我看你年齡一大把了，但是怎麼看起來像孩童一樣的清新稚真呢？道家式的神仙，歲月不會在他們的臉上留下軌跡，這叫「山中無甲子」。所以神仙人物臉龐都是像孺子一樣，這代表他的道行。女偊曰：「吾聞道矣！」說我聽聞道的理啊，才會有這樣子的生命氣象。所以他也肯定、也承認自己色若孺子，應該是年輕的心反映在他的臉上。因為修行一定修心，「吾聞道矣！」已經在道之生成原理的滋潤與支撐之下，故能神情氣象若稚真的孺子。南伯子葵又問：「道可得學邪？」那道可以學得來嗎？女偊卻說：「惡，惡可？子非其人也！」啊，那怎麼可以，你不是此道中人啊！哇，這句話實在太傷人了，人家一心向道，結果女偊竟然一盆冷水澆下來。他講出另外一個人：「卜梁倚，有聖人之才，而無聖人之道。」女偊正在等這個人，他以色若孺子的「道」，就是在等這個人的「才」。

因為一個人有時候要顯現神通，人家才會對你信服、崇拜；本來做一個修道人來說，是不應該展現神通的，那他為什麼要展現神通呢？因為他要對眾生說法，而眾生為神通所懾伏，再進而修道；但修行可不是為了神通。所以修行人有時只好權宜變通的展現神通，這樣大家才會禮敬，才會折服。所以我想女偊的色若孺子，是修道有成的一個境界；他等待卜梁倚的到來，但是卜梁倚雖有聖人之才，卻沒有向道之心；相反的女偊有聖人之道，自身卻苦無聖人之才，所以還停留在色若孺子的表象層次上，猶未充盡體現聖人之道的最高理境。

「道」是普遍性，「才」是殊異性

這實在是世上的難題，有心的人無才，有才的人無心，才形成各級學校教育最重大的挑戰。我聽過老師說，要找到好學生很難；的確要找到一個可以傳承自己衣缽的傳人是很難的，因為你的道等在那裡，但是要等那個人、那個才（指根器）前來才行。牟宗三教授也認為天才是不可學的，所以他認為藝術家、音樂家、文學家都是天才；李白是不可能學的，貝多芬是學不來的，因為這個才是天生的，所以說他「天才」。儘管南伯子葵對道那麼真誠拜服，女偊卻說：「子非其人也！」

天下事假定都是這樣的話，那請問莊子的道可以成為「普遍性」的道嗎？這也是一個很大的難題，一個大教，總要人人皆可成佛才可以成其大，人人皆可為堯舜才可以成其大，或人人皆可得救才可以說是大教；基督教只能說人人皆可為基督徒，只要你信仰基督你就得救。東方哲學不喜歡只是做基督徒，而是要人人皆可成基督，這樣才是東方人即有限而可無限的終極嚮往。

所以佛教說「人人皆可成佛」，你不能只讓我做佛教徒，憑什麼我永遠都只是信徒？那這樣救人豈不是反成「蓄人」嗎？師生間的師徒之分，那是輩分，事實上老師不必賢於弟子，弟子也不必不如師，韓愈的〈師說〉就是這麼說的。現在請問：像天下惟獨卜梁倚有聖人之才，女偊這麼精深的道行，也只能痴痴的等那個人來報到，而人生只有一百年，你能夠等多久呢？如果那個人一直不來呢？豈非道就要失傳了嗎？莊子寫下來的寓言故事，告訴我們有聖人之道，還得有聖人之才，二者結合一體，才能成就聖人之德的最高境界吧！

天下在吾家，天道在吾身

就在那一段，莊子把整個修道的工夫次第都寫出來了，好像正等待世世代代的有緣人，看哪一個有聖人之才的人，唸到這一段，自己可以去修養實踐。實則「聖人之才」的才，就是指特殊性的才，而前頭講的「才全而德不形」的才，是普遍性的天生本真；特殊性的才就是天生的才氣，這一方面的「才」是人人殊異，就算天生有此獨特的「天分」，問題是你有沒有被發現，有沒有被看到！

所以道家哲學就是要看到每一個人，簡單說就是「觀」照。先觀照生命自身，佛門說是「觀自在」，再觀照人間世界，佛門說是「觀世音」。老子也說：「自知者明」（三十三章），又說：「知常曰明」（十六章），「明」首先照現自身，再則照現天地間的常道。既「不出戶，知天下」；又「不窺牖，見天道」（四十七章）。因為天下在吾家，天道在吾身，「自知」也就「知常」，又何須走遍天涯，去打天下求天道呢？

人生最大的苦難就在被抹煞，人生最大的惡質就在冷漠對待別人。你拒絕看他等於抹煞他，那個人被打入冷宮，完全被孤立，一生再也發不出光采來，寂寞無人見。所以我們一定要講「物固有所然，物固有所可」，每一個人都有天生而有的才氣，也都有存在之理在自家的身上；凡存在皆合理，理就在道的生成之理！

「然」與「可」的價值與肯定，就從存在之理的本德天真來。

聞道勤行，是謂道行

道的生成原理，是「普遍性」的存有，就依據「大塊噫氣，其名為風；是惟不作，作則萬竅怒呺」（〈齊物論〉）來看，天地大塊吐出了一口氣，啟動了宇宙長風吹向大地，穿越萬種不同的竅穴，而發出萬種不同的大地交響樂；也通過萬種不同的人物才氣，譜寫出萬種不同的生命樂章。凡此地籟之和與人籟之真，都是天籟在大地與人間的彰顯。此從無聲之聲的天籟說生成原理，從有聲之聲的地籟與人籟說存在之理。不管是生成原理與存在之理，都是普遍性的存有；而萬竅的形狀與人物的才氣，則是殊異性的存在。故聖人之道的生成原理，是對每一個人開放的。所以說人人皆可成聖成賢，也人人皆可成佛，這是根源性的問題。而面對完成問題，就涉及根器的不同、才氣的殊異，與工夫的深淺，無聖人之才，也就成不了聖人之道，故「子非其人也」說的是才氣的殊異性，而不是存在之理的普遍性。

老子有云：「上士聞道，勤而行之；中士聞道，若存若亡；下士聞道大而笑之；不笑不足以為道。」（四十一章）這邊的上士、中士、下士是就學習態度來區分的：上士聞道而勤行；中士聞道卻搖擺不定，有時候存，有時候亡；下士聞道則大而笑之，覺得把道說得太玄遠了。所以老子只好自我解嘲：「不笑不足以為道」，他們不笑倒顯不出道本有的高貴了。老子這邊講「聞道」，女偊說「吾聞道矣」；既然有幸聽聞大道，想當然耳，道已經進入他的心中，也一定成為修養工夫的指標，而誠於中，必形於外，工夫進境必然映照在神情上，顯現出「色若孺子」之回歸嬰兒天真的模樣。

我們要問的是：女偊到底有沒有聖人之才？他自家的反省是說：「我有聖人之道，而無聖人之才。」問題在此，顯然他在等待那個有才的人——卜梁倚。我們假設，女偊恐怕有個很重大的遺憾，就是師父教給他的是道的理，而他並不是最理想的人才。他沒有聖人之才，卻已然「色若孺子」，至少道行也相當高深了。我想走向「道」是人生普遍的方向，女偊或許不能攀登最高境界，但是他畢竟走在道的路上；那他為什麼要拒絕南伯子葵呢？我相信「聖人之才」加上「聖人之道」，等於「聖人之德」；而這樣的「聖人之德」是最高境界，他說南伯子葵「子非其人也」，不是拒絕他的向道之心，而是說我當然可以教你，但是你不會有大成就，不會有大突破的；所以要把剩下的有生之年，去培養一個真正可以修道而到達最高峰的人。也就是在「吾生有涯」的壓力之下，所給出的不近人情的回應，這就是人生終究有憾的所在！

「道」是根源問題，「才」是完成問題

《莊子》內篇出現的「才」有兩個意思，第一個是普遍性的天生本真，人人皆有的天真本德；第二個是特殊性的才氣。而他講的這個特殊性的才，在這邊是專就修聖人之道的才來說的。「人才可遇不可求啊！」這是牟宗三老師閒聊時說的，人才是天

生的，你怎麼求？因為是天生的，所以後天學不來；天才就是後天再認真學習，也不能擁有的天分，且是不能夠彌補的缺陷。任何教育都不能培養天才，不管是師大美術系還是中央中文系。其實我們不要扼殺天才已經是很了不起的成就了，我們的教育經常在扼殺天才，也同時在抹煞人才，一句「子非其人也」，不知會傷了多少學子與其父母的心，或許沒有成為大師的天分，至少我可以做一個無愧此生的人，老子說：「聖人常善救人，故無棄人。」（二十七章）以他天生本有的善，來救他自己，那天下就沒有人會被拋棄。這才是道之為生成原理的精神所在。

這裡「聖人之才」的「才」，是指特殊性的天分才氣，而「才全而德不形」的「才」，是專講人人皆有的天真，我們的修養工夫是為了保有與成全這個天真本德。我想女偊的話一定是指向聖人之最高境界的完成，最高境界的完成要有「聖人之才」的天分。中國哲學有兩大問題，一個是根源問題，一個是完成問題：「道」是根源問題，有了「道」之生成原理的源頭活水，人生追尋的美善價值才成為可能。完成問題就要靠天生的「才」氣與後天的勤行。「才」有上中下之分；孔子講「中人以上」、「中人以下」，漢儒董仲舒講「性三品」，所以氣性有清濁強弱，才性有高下，差別性是在才氣。人人皆可為堯舜，人人皆可成佛，人人皆可成真人，這是普遍性之價值根源的肯定，三大教都肯定。

修行總要往完成的路上走，就跟才氣根器有關連了，只是大家都不好意思說破而已。「子非其人也」，要不是女偊那樣認真修行的人，他也不會講出這麼傷人的話；他不想誤了南伯子葵後半輩子。因為你另有天地嘛，你去修習自己有感應有天分的專業，不一定要走修行的路；也許他是這個意思吧！人人皆可讀書，誰不知道？人人皆可創業，誰不知道？問題是讀到什麼程度，開創到何等境地，就跟才氣有關連了，還要有人間發生的幸運。這樣的理解，「聖人之德」的完成，顯然是指向最高境界，最高境界就是「道」的根源與「才」的完成兩相結合。女偊跟卜梁倚在道行的路上缺一不可。假定是女偊引領南伯子葵的話，恐怕就難有預期的成果了。這一段生命的對話，等於向天下宣告：亟盼卜梁倚應命而來！

物立身道中，行之而有成，謂之而得然

此所以底下說：「無物不然，無物不可。」沒有物是不然的，沒有物是不可的。「然」是就每一物存在的本身來說，「可」是就人間價值的標準來說。〈齊物論〉另有一句重大的話：「道行之而成，物謂之而然。」「可」跟「然」是在人世間對每一個人存在價值的認定，與行為的認可，我們的「可」、我們的「然」就在我的才氣、

我的志趣、我的情意、我的事業、我的專長；我可於我自身的可，然於我自身的然，這就是「可乎可，然於然」的認可與肯定。相對的「不可乎不可，不然於不然」，本來人人皆可乎自身的可，然於自身的然，大家各自負責，各自保證，各自開發，各自實現，那不是很單純簡易嗎？

就像大學裡面每一個科系開它自己的課程，學生修他自己的課業，不見得每一個學生都要選完全校各科系的課程，那豈不是永遠都畢不了業嗎？你「可」於你的理學院，我「然」於我的工學院，各自完成自家的畢業學分就可以了嘛！就有人無聊，沒事找事，偏站在「可」與「然」的對立面，老說「不可」，也說「不然」，那就是惟恐天下不亂的對抗與決裂。「道行之而成，物謂之而然」，這個「成」，如同認可的「可」。

天地萬物的存在本來只是自然現象，走入人文世界，在「道」之生成原理的詮釋系統中，找到立身天地間的存在分位，也活出一生的價值與尊嚴。而「道」的「理」有待實踐來完成，且有待天下人來認可。這就是所謂的道行。《易經．繫辭傳上》有云：「形而上者謂之道，形而下者謂之器。」「形」是中性的存在，而生命的動向在上下，主體的「心」帶著「形」往上走，走上天道的理境，那就是道行；反之，「心」之「大體」不當家做主，反而隨著形氣物欲的「小體」，在「物交物，則引之而已矣」之內在物欲在外在物象的牽引之下，流失於外；而「心」之「大體」也隨之而去，「心」失去主體的分位，「心為物役」而往下沉落，反成為物欲的工具。那「心」就成了器用。

故「形而上」與「形而下」，上下從「心」說，「形氣物欲」是中性，無所謂上下，「道行之而成」，是「心」引領「物」，往「道」的「理」去實踐而有「成」，人物的存在，在道之理的價值體系之下，會得到應有的評價，就在「謂之」中得「然」。此「然」是價值的認定。

我做了我才是，我不做我什麼都不是

「道行之而成」是告訴我們，人生不只是價值觀點的問題，不要老在價值標準爭論不休，而是要去「行之」的問題。譬如說「禪」，最常聽聞的是「口頭禪」這三個字，口頭禪的意思是停留在言說的層次，而沒有去實踐，沒有行之；所以請書法家寫「禪」字，高掛客廳，賓客來去充滿敬意，問題在沒有禪定工夫，禪意僅憑想像，沒下戒定工夫哪來禪慧。

「物謂之而然」，是對「行之」之實踐工夫的評價與認定，老子講：「道可道，非常道；名可名，非常名。」（一章）莊子則謂：「道行之而成，物謂之而然。」道的「理」本質上不能落在言說而要去實踐，而「然」是對「行之」的評價，也就是價值的認定。道是生成原理，「生」的價值就在實踐中顯發出來；你人生幾十年依道而行，人家就給你一個值得的評價，這叫「謂之而然」。從存有論來說，「物固有所然，物固有所可」，天道生萬物，每一物都是合理的，因為合理才存在，不合理就不存在。天道既超越又內在；人籟之真、地籟之和的有聲之聲，都從「怒者其誰」的無聲之聲的天籟而顯發。所以「物固有所然，物固有所可；無物不然，無物不可」，這是存有的大肯定。

「道行之而成」卻是修養論的問題，你天生本真是「無物不然，無物不可」，問題是人生路上「道」行之了嗎？與生俱來的「天生本真」是會一路失落的，所以幾十年的人生歲月，僅得了「老江湖」的評語，越老越世故，沒有人騙得了我，那算什麼成就！道不「行」而一生的「然」，也在江湖生涯中流失不見了！總要「德不形」於外，而保有天真的「才全」，才是「行之」有「成」，而「謂之」得「然」的不虛此行。

人不行，大道隱退

假定「道所往皆存，言所存皆可」的話，為什麼大道隱退而真言退藏呢？因為存有被遺忘，已在人間失落。問題在，如何找回來？從修養論說是「行之而成」，從價值論說是「謂之而然」。也就是要有「形而上」的道行，而不要落在「形而下」的器用，「心」的本身是目的，心知執著名利權勢而成的名利心權力欲，則已墮落為工具器用。

找到一個道，你才擁有一個精神的宇宙，一個價值的天地。找到一個心靈的世界，心引領物往上走道行的路，心不能執著名利與權勢，這樣會往下掉，反而成了名利權勢的工具。

儒家的人性本善說，與道家的天生本真說，皆對人性給出存有的肯定。人人皆性善，人人皆天真，都可以在根源上給出我們可以貞定人生的方向與開發生命的動力，而面對完成問題就要自己去下工夫了，「道行之而成」，如何完成就得自己用功。而用功的路上，會碰到「才」的問題，所以「才」的問題是屬才智高下與能量強弱的問題；問題在，根本不在「才」，而在「行」。

「道隱於小成」，其實大道不會自行隱退的，而是人間失落了大道；老子說：

「大道廢，有仁義。」（十八章）其實大道才不會荒廢它自身的生成作用，是人物的修行工夫荒廢了，所以大道遠離我們而去。道體即體起用，它永遠都在，是人物自身因執著造作，而悖離了道。老子說：「物壯則老，謂之不道，不道早已。」（三十章）物求其壯大自己，在「心使氣曰強」（五十五章）與「強行者有志」（三十三章）的執著造作之下，適得其反，悖離了道的生成原理，而快速的走向衰亡。

對基督徒來說，你不信基督，基督還是在那裡的；儒道兩家的天道是通過修行來保證的，你不修行，天道的生成作用就離我們而去。道就在人物的「行之」而有成！「道隱於小成」，「小成」意謂心知執著且帶動人物才氣，與並世的其他家派對抗，如儒墨的是非，本來道無所不在，兩家「成」自家的「小」，而失落了道之全體大用的「大」，所以就從「成其小」則「失其大」說「隱」而不見了。

莊子又說：「其分也，成也；其成也，毀也。」成是從分來的，「分」是分別心；我們在心知因執著而有「分」別的時候，就「成」了自家一套是非的判準，儒是則墨非，反之墨是則儒非。「其分也，成也」說的正是「所成者小」，「其成也，毀也」說的是「所失者大」，後半句正是前半句的批判。儒墨的是非之爭，雖各自「小成」，卻毀了大道的全體大用。

「道隱於小成」的「隱」，就是相當於「其成也，毀也」的「毀」，「隱」是失落，「毀」則毀壞，結果等同。所以莊子要超離儒墨的是非，從「天籟」的高度，往下觀照儒墨流落人間之自是而非他的是非紛擾，而照現儒墨本身之皆是而無非的物論平齊，此之謂「無物不然，無物不可」的整體大肯定，一如「萬竅怒呺」的地籟之和，與「比竹是已」的人籟之真，皆是天籟在人間的表顯。

分別心成就一套是非

此所以莊子要更明確的點出儒墨兩大家的是是非非，形成了整個時代的紛擾與爭端，而癥結在那是心知執著的一偏之見，故云：「未成乎心而有是非，是今日適越而昔至也。」是說你心知沒有執著一套以自家的觀點為標準的價值體系，而人間竟會有是是非非的爭端紛擾，就好像說今天才出發前往越國，而昨天卻已經到了一樣的不可能。莊子意謂若是你心裡面沒有執著，而人間卻有是非，這個根本是不可能發生的事情。

〈人間世〉有云：「德蕩乎名，知出乎爭。」本德天真在名號的追逐中流蕩失真；本來「名」以指「實」，「名」跟「實」是連結在一起的，後來「名」卻從「實」那頭脫落，而獨立出來，所以大家就專講名號，而忘掉了那個它所指涉的實物。所以當大家競逐名號的時候，名成了空名，本德天真的實存就成了「有名無實」的虛假，這就是「知出乎爭」的意涵，心知的執著，就出於想跟天下人爭高下的念頭。有了要一決勝負的意圖，現代街頭不僅講「知名人士」，且爭的是排名，就道家來說，那代表你的天真本德已被名號取代。在名號的包裝之下，已經失落了天生本真的真實美好。

所以名號是可以炒作出來的，請顧問公司來塑造並操作你的形象，甚至還有假民調讓你的排名往上竄升。那就是「言隱於榮華」。製造話題、政見成為競選口號，只是要贏得你的好感，爭取你的同情，吸引你進入它的隊伍，壯大它的黨團聲勢，再跟另外一個黨團對抗，好像讓選民跟候選人站在同一個戰線，拜同一座宮廟一樣。在「言隱於榮華」的言過其實，與「道隱於小成」的成其小而失其大之下，「知出乎爭」竟成了沒有原則而不擇手段的權謀算計。

心知名號傷害了自然天真

所謂的「知」，是心知執著抽象的名號，來跟他人對抗，不著邊際，卻又無所不在，「名也者，相軋也」，互相傾軋，卻難以破解。「知也者，爭之器也」，比誰有能力，誰有學問？心知成了鬥爭的利器。「知出乎爭」，為了跟天下人爭，心知執著名號，不僅爭排名，還講排場。歸結的說：「二者凶器，非所以盡行也。」二者是「名」號與心「知」，實則名號出於心知，心知執著名號，名號號召天下，二者連結，成了爭逐名利與奔競權勢之最有效的利器。

「盡行」說的是充盡的完成人生的美好。「盡行」正與老子所說的「令人行妨」（十二章）的「行妨」站在對立面，妨害了人生家常與日常的行程。因為「馳騁畋獵，令人心發狂；難得之貨，令人行妨」——「馳騁」是奔競，「畋獵」是獵殺，奔競權勢與爭逐名利迫使我心狂亂，且會妨害人生之家常與日常的行程。如同馳騁畋獵，對人生的真實美好而言，不止是有效的利器，更是傷害本德天真的凶器，所以說「非所以盡行也」。

本來存有論的天真就由人的心來顯發，生命的本質在「德」，而打開人生的出路的是「心」，所以「心」是活動義，是靈動、活躍的心；而「德」是存有義，是靜態的存有。我們可以這樣說：你存有的本德就在天生本真，但天真是靠心的靈動來顯發；要是你的心不靈動，靜態存有的本德天真就深藏在生命中；因為天真一顯發生命是很靈活、很生動的。所以「德」是存有義，「心」是活動義。就像儒家的心跟性，也是心來發動，顯發的是性善的內涵。

莊子的心跟德，與儒家的心跟性貼近；只是儒家講人性的本善，老莊講本德的天真而已。兩大家的不同，在儒家「心的知」是道德良知，道家「心的知」是心知執著，故儒家講有心，道家要講無心，有心是道德良知的呈現，無心是無掉心知的執著。

善惡的分別是「名」，負累是「刑」

〈養生主〉有云：「為善無近名，為惡無近刑。」「名」是名號，「刑」是壓力。前後兩句要一起來說，善惡的分別就是「名」，而分別所帶來的壓力則是「刑」。看似兩句實則只是一句，句型更動一下，語意就清晰許多，可以解讀為「無為近名之善，無為近刑之惡」。更精簡的說就是「無為善，無為惡」，而「無為」是從「不知」來，根本在「不知善，不知惡」。不知就是無心，無心也就無為，所以「無為善，無為惡」。

對存有論來說，道所往皆存而言所存皆可，都是「咸其自取」的天籟。本來的意思是「無為善，無為惡」，為了給出進一步的解說，說是「近名之善」，因為善是美善的稱號。「惡」消極的界定是善的缺乏，對生命自身而言也是一種虧欠，當惡名加身的時候，一定會感受不好，所以說是「近刑之惡」。本來善惡都是名，也都是刑，二者的執著分別是名，二者的執著分別所拖帶出來的壓力則是刑。所以善惡同時是「名」，也同時是「刑」。

此所以「成名人是受刑人」。成名的人一定如同受刑害般被監看、被報導，而失去個人的隱私，什麼都暴露在眾人的面前，甚至動輒得咎，好像什麼都不對，因為成名人在社會大眾的心目中，是偶像，是明星，得到了大眾盲目的崇拜，偶有不如人意的演出，譽之所在，謗亦隨之，道家對民間世俗的「萬物並作」，感受最為真切，在善惡的執著分別之間，你不能只要好的那一面，而拒絕不好的另一面，那是一起來的，你不能切割，所以要「吾以觀復」，好與不好我都放下，我不要成名，我就可以遠離刑。

你執著名，名就如刑具枷鎖般套在你自家的身上，所以「致虛極，守靜篤」，「虛」是善惡一切解消、一切放下，「靜」就是回歸生命存在的自在自得，心自在，物自得，自在自得就是道法自然，人道是走天道的路，「然」從自己來就是「自然」，我是我自己存在的理由，我才能保證我的存在合理，而不會在人間偶發的變動間，失去自家一生的真實美好。

有名有刑，無名無刑

〈養生主〉給出的超脫之道在：「緣督以為經。」「以為經」是以為常，我們老說「經常」，「經典」就是常道。那「督」當何解？王船山說：「奇經八脈以任督主呼吸之息，身前的中脈曰任，身後的中脈曰督。督居靜而不倚於左右，有脈之位而無形質，循虛而行。」「緣督」船山解讀「循虛而行」，陳壽昌說解：「督脈下貫尾閭，上通泥丸，鍊氣開關，以此為徑路。」似乎任督二脈打通之後，全身功力通玄，可以源源不絕。有點像《易經》八八六十四卦周而復始，天地間永遠生生不息一樣。功力在自家經脈首尾處交會通貫，所以功力可以通玄。「緣督以為經」，身後的中脈是虛，居靜，而虛靜就是無為善無為惡的「無」。為善為惡一定是近名近刑，因為善惡是名也是刑。那出路在超離善惡的執著與分別，無名也就無刑。所以「無」的智慧，就在「緣督以為經」，循虛而行就是人生的常道。

所以現在的關鍵是：「道隱於小成」，大道就在成其小而失其大之中，隱藏不見了；「言隱於榮華」，真言就在榮其華而失其真之中隱藏不見了。「其分也，成也」，而成其小與榮其華就從分別心而來。而道無往而不存的「大」與言無存而不可的「真」，也在「其成也，毀也」之中消散了。因為「心知」的「成」，同時是「生命」的「毀」，無名也就無刑，無成也就無毀，而回歸道「無往而不存」的「大」，與言「無存而不可」的「真」。人生的煩惱就在世事無常，而無常感就從心知執著定常而來，所以解脫煩惱之道，就在解消心知的執著。

唯道集虛，虛而待物

〈人間世〉的「心齋」工夫，說「聽之以氣」是從「無聽之以心」說，心不起執著，釋放了被心知禁閉的氣。心知不執著就是「虛」，「氣也者，虛而待物者也」，而「虛而待」等同「無待」，無待不就是船山所說的「無不可遊，無非遊也」嗎？被釋放的氣，就是「遊乎天地之一氣」，「唯道集虛，虛者心齋也」。心做齋戒工夫，就在心由虛而靜，虛靜心是觀照，而照現等同生成，故「唯道集虛」，意謂道唯在吾心虛靜的觀照中臨現，而道臨現人間，意謂實現原理是要從人自身去開發出來的。

「虛而待物者也」的「待」，可當「觀照」來解。它不是對待，對待是相對的——你怎麼待我，我就怎麼待你；但是這邊的「待」，從心的「虛」來說，「虛而待」就是「無待」的意思，是無條件的「待」，超越人我相對的對待，而走向絕對無待的道，等同天道觀照而照現萬物。無待的「照物」是不管你怎麼對我，我都一樣對你。兒女再叛逆，媽媽還是媽媽，爸爸還是爸爸；學生再不聽話，老師還是老師；因為要實現學生的品格，實現兒女的成長。不是說他怎麼對我、我就怎麼對等的待他，而是通過致虛守靜的修養，解消相對的待，而走向無待的生成。

所以中國人拜天地君親師，就在他們擔負的是生成原理的道，現代人要把天地君親師的權威打破打散，那打破打散的結果，就是實現原理垮掉。當天下父母心失落了道，父母已經不是父母了，兒女的生成也就失去源頭活水。當老師不是老師，學生的生成也失去了保證。聖人不是聖人，百姓的生成也不再有底據的支撐。天地生萬物，天公、土地公我們都拜；拜的是天公、土地公的「虛而待物」，無了自己，而給出生萬物的空間。

現代的主政者沒有聖人的使命感，也沒有「無」的修行，沒有「聖人無常心，以百姓心為心」的智慧，所以民眾為了維護權益而走上街頭抗爭，朝野用心所在，只在拉引選票；君王生百姓這一倫早已崩壞，那還可以維繫得住的就是親跟師了。所以親子之間跟師生之間不好用對待的關係來說，我這樣說也不是要求兒女絕對服從父母，而是父母一生的無條件的護持，是他生我們在先，我們感恩回報在後；為人父母做了一輩子生成兒女的事，兒女也要一輩子做孝敬父母的事，師生亦然，不是對等的待，而是無待的生成之道。這樣又何須去反抗父母的權威，去顛覆傳統的禮教呢？

道在吾心虛靜觀照中臨現

所以實現原理的「虛而待」，不是對待，而是「照現」的意思。那道在哪裡？「唯道集虛」，「虛」是從「心」來說的；「集」就是眾鳥來此歸止的意思。道在哪裡顯現？就在吾心的虛靜觀照的當下朗現。大家都虛靜心，大家的心都是一面鏡子，大家互相看到對方，在「看」他的時候「生」他，「道」就臨現人間了。因為「道可道，非常道；名可名，非常名」的「常道」與「常名」，就是讓每一個人有出自己的人生道路；每一個人有出自己的天真美好，就要相互觀照而彼此生成，相互賞識而彼此實現。「虛」才能夠「照」物，所以就在虛靜心的觀照之下，萬物都被看到了，也被生成了，那個時候「道」已臨現人間。

這句話實在不好說，你要加進很多話，而你又不是莊子，憑什麼做出詮釋？憑什麼？憑我把老莊讀熟了，不然這句話殊難說解，「唯道集虛」，端看誰有會心？「集」就是眾鳥歸巢，我們講會心、會通，大家都在這裡一起顯發實現，「集」等同依止停靠，因為最高才是最後，就是終極原理的生成之道。天下每一個人都虛靜心觀照，大家的天真都被生成，大家的美好都被照現，大家都自在也自得，那個時候就是道的臨現人間。道就在人我的相互觀照中朗現！

人我、物我的對等相待，轉成天人的縱貫照現

人我本是對待關係，因為人我相處，是對等相待——你怎麼對待我，我就怎麼回應你；人際關係雖有親疏遠近的差別，而互動之間總是要對等才合理。所以倫理是人跟人之間等差中的合理。儒道兩家的思想，認為「人對人」要升越為「天對人」，以天理良心來生成他，以天生本真來回應他；所以本來對待，卻把自己升上天道的位置，以天理良心或唯道集虛來對待他。本來是倫理學的對等相待，一轉而為生成原理的天理來生成他，而不是用我的形氣物欲來回應他。所以這個時候人我關係轉成天人關係，原來我們是用天道的高度來生成他，用天生本真來回應他，這就是「氣也者，虛而待物者也」的真實內涵。少了心的「虛」，就會跟對方由對等而對抗——為什麼都是我對你好，而不是你對我好？立刻出現問題，問題就在心知的執著與分別所帶出來之大小多少的比較心與得失心，一定會引發困擾與爭端。所以我們要「虛」，讓心沒有自我的執著，沒有對等的分別，讓自身由人我對待，翻越上來轉成天人照現，那就可以拋開或遠離患得患失的心中大患了。

所以中國的倫理學還是天人關係，中國的知識論也是天人關係。譬如說人認知物，你可以研究生物、物理、化學，或天文、地理，都是心認知物。這也是對待關

係，我來研究物，進行歸納分析，用顯微鏡、望遠鏡來觀察，用量化數據來預測萬物的變化，理論科學可以轉出科技的應用——就是所謂的「利用厚生」，開發萬物的資源來提升人類的生活水平。但是在我們傳統的思想，認為這樣很對不起萬物，所以無掉心知物欲而翻越上來，以天理的生成之道愛萬物，儒家說「親親仁民愛物」，道家就是「照之於天」與「莫若以明」（《莊子．齊物論》），觀賞山水田園的美景，用藝術家的心靈來觀照天地萬物，讓天地萬物自身的真實美好朗現；這是高水準的人生態度。在中國文化土地上做人很艱難，就是因為老用天的標準要求自己；所以當一個法治社會來臨時，突然間大家變得很冷酷無情，就是因為原來的「天」不見了，原來的「道」失落了。

在觀照中朗現萬物的真實美好

所以「虛而待物」是指這個意思，本來人我是對待關係，但是莊子把它轉成天人關係的照現——在我的觀照中朗現萬物的真實美好，這就是實現原理臨現人間。心停留在「對待」這邊就是執著心與比較心，你會跟對方計較，因為對等相待；到「照現」這邊來看的話，因為把自己的執著、分別無掉，你的位階層次已提升上來了，就像道一樣的照現它，像天一樣無條件的愛它，不會說它是荒田、是廢地，反而看到山水田園的美，你不會去干擾破壞它，你要捕捉觀賞它的美。道家就從這個層次來講論「唯道集虛」，而「虛而待物」之生成萬物的實現原理。「虛者心齋也」，心齋是人在做工夫，心靈做齋戒；就是讓心靈虛靜，不要執著，不要分別，不要名利，不要權勢，不要污染，不要塵垢。我們就用這個虛來照現萬物，萬物就在吾心的虛靜觀照中實現它自己，這就是「吾以觀復」的「復」，讓萬物各自走離人間街頭的紛擾而回頭做真實的自己。

這是一個關鍵性的解讀，中國文化傳統專講倫理，在做人的分寸、拿捏也不一定比西方人精準，我們老講愛物，而在科技落後西方人如此之多，就是因為我們都把自己升越到天道的層次去對待物跟人，而沒有用認知的態度與制度的規範，完全等同天道生萬物的人生態度。天道生成萬物是無條件，是無所求的，天道是獨一無二且至高無上，所以天下人反而誤以為是高高在上的權威，你也會不自覺的擺出權威的姿態，因為你由人的身分轉成天道。你執著你的愛是崇高神聖的，也不容許對方離開你的身邊。我們在省思自己的文化傳統、自家的哲學思想的時候，一定要好好去思考這個問題，我們永遠用天的標準要求人，但是西方不會，西方人講與生俱來都有「原罪」，也容許人可能出錯，所以做人反而比較輕鬆，不必背負那麼重。

虛室生發光明，吉祥依止於道的終極之地

〈應帝王〉說：「至人之用心若鏡。」心虛靜如鏡，而鏡照照現也就是實現原理。在「唯道集虛」與「虛而待物」之外，莊子又說：「虛室生白，吉祥止止。」（〈人間世〉）心如「虛室」光明可以透入，此之謂「虛室生白」。「心齋」就是「虛室」，你讓心空出來，心空出來就可以光照透顯，「白」是光明。心虛靜靈動，靈感湧現創意；所以「虛室」就是空靈，「生白」就是靈動，就是心一虛空即顯靈動。而「吉祥」是美好，幸福美好都「止於止」，後面那個「止」就是心的虛靜。前頭的「止」當動詞用，會引來吉祥美好來此「依止」停靠，這叫「吉祥止止」——「止止」是「止於止」，而值得停靠一定是因為那個地方就是最好的「極」，你才來依止停靠的，願意停下前進的腳步，不用再尋尋覓覓，不必老在人間行走，因為你已經找到最好的地方，是生命的終極理想之地，就是值得我們一生在這邊安身立命的地方，我們一生都在找這個終極之地在哪裡，那就是最高也就最後的生成原理！道是可以安身立命的終極之地，「唯道集虛」，集於「虛室生白」，心的「虛」所透顯的光明就是幸福美好，而吉祥就依止於心的虛靜照現。

幸福美滿絕對不是身外物的名利權勢所能給出來的，而是心靈的生發感動。人生

是說不定的，記憶中新聞報導說，有三個女生手牽手一步一步走進蘭潭的深水中，當然一去而回不了頭。之前學生曾帶我去蘭潭看夜景，所以我可以想像她們走下去的情景。她們要走向絕滅，在走向絕滅中尋找可以依止停靠之終極理境，這個發想一定來自在絕望中找希望的無明；我相信她們三個是要走入絕境中去尋求光，在絕境中找出路。問題是家長跟老師都不相信，所以現在教學生跟帶兒女是越來越難了，你實在不瞭解他們，完全不給任何生命的訊息。也許人生路上要教給他們生成之「道」，給出可以安身立命之地、可以依止停靠的終極理境，家就是一個溫暖的家，人間就是一個美好的人間；不然的話，僅是一個偶發的念頭，幾位少女就可以走向絕境中去尋覓不可知的前景。

你本身虛靜，才能引來眾生到此依止

莊子又講了一句話：「唯止能止眾止」（〈德充符〉），這句話的前頭，是「仲尼曰：『人莫鑑於流水，而鑑於止水。』」「鑑」是鏡子，在這一語文脈絡中當動詞用，是照看的意思。我們都在靜止的水中看自己，很少在流動的水中看自己；因為水流動，你的身影也會隨之漂流不定，你會抓不住自己；在靜止的水裡面你才可以看到自己。「唯止」是因為水本身是靜止的，才能夠引來大家來此照看自己。「能止眾止」，「能止」的「止」是「依止」停靠。能引來眾人在這邊集結，這不就是「唯道集虛」嗎？道本身是終極的理境，可以安身立命，可以生發安定群倫的力量，就是一個得道人的生命感染力。

有一次從台大坐計程車回永和，司機先生正在聽李季準唸廣欽老和尚的話，我乍聽之下，以為李季準怎麼進境如此之高，講得這麼有禪意，這麼大徹大悟的話；本來以為他只是語音比較貼近北京腔而已，而且都是在半夜跳出來的聲音，有點磁性。今天一聽話的內容，不得了，令人刮目相看，肅然起敬；再聽下去才知道是廣欽老和尚說的，也難怪我聽了這麼被吸引。這就是「唯止」，廣欽老和尚的修行本身是止，「能止眾止」，能引來眾生來此修養生息，這就是「吉祥止止」，「吉祥止於止」就是「唯止能止眾止」。這不就是可以依止停靠的終極之道嗎？修道人就是引來眾生來此修道，不然你以為佛是什麼？道是什麼？那是以自家的生命人格生發的人格穿透力與生命感動力，引來眾生在此依止，大家成佛，大家修真。

接著莊子又說：「受命於天，唯舜獨也正；幸能正生，以正眾生。」舜這個人的生命獨得其正，這個「正」指涉的是「才」的問題，因為人性沒有誰「獨也正」，普遍人性大家都是一樣的善，一樣的真，這是眾生平等的根源問題；而「才」是完成問題，此則眾生不平等。所以說「某某人能，為什麼我不能？」這句話不一定可以成立。因為舜獨得其正，所以莊子說：「幸能正生，以正眾生」——你萬幸能正生，你的生命比較純正，所以你就要憑藉老天爺給你的純正來讓眾生跟著你純正。原來獨得其正是人的幸運，遺傳基因給的，是祖宗積德而庇佑子孫，所以要充滿感激之情；當我們比別人聰明的時候，比別人好看的時候，這是徼天之幸；所以他要「以正眾生」來還報。莊子用這句話來回應「唯止能止眾止」，「正」就是指涉那個「止」；道家式的正就是虛靜心顯現的「自然」，而「然」從自身修養來。

用心若鏡，在照現萬物中生成萬物

我們再回頭看實現原理的「至人之用心若鏡」，至人的用心就像鏡子一樣。因為心虛靜，所以就像一面鏡子。鏡子「不將不迎」，它不會抗拒也不會迎接，不會只照某些特定的人，只照它喜歡的，合乎它標準的人。鏡子「應而不藏」，僅回應你，而不深藏在自家心中。為什麼不深藏呢？因為深藏以後會失去了它觀照的空靈；因為你所收藏的會成為自家的負擔負累，甚至是塵垢俗染，所以才要「時時勤拂拭，莫使惹塵埃」。這面鏡子滿是塵埃的話，怎麼能照現立在面前的親人朋友呢？不要忘了照現等同生成，那可是天大地大的事。所以僅止於回應而不深藏，「故能勝物而不傷」，「勝物」就是盡物，前頭講「盡行」，這邊講「盡物」；「盡物」就是物的每一部分都被自家看到。如果只被看到某一面向，那是遺憾，因為人生的好是全面的好。所謂的「利用」就是指它只看到你某一方面的好，或是把人當工具，而沒有尊重你的人格，只把你看成商品一樣。「不將不迎」就是背後沒有預設的標準，鏡子虛靜，無心、無知、無為、無用，都「無」了才能顯發「不將不迎，應而不藏，故能勝物而不傷」的生成妙用。「盡物」就是把一個人、一個物的整體美好都看到，「不傷」就是不會有不被看到的遺憾！因為看到就是照現啊。

所以道家的實現原理就是用我們虛靜的心、像鏡子一樣的心隨時看到它，全面看到它，它就在我們的「看到」中重生，它就在我們的「看到」裡面實現它自己。

縱貫橫講，以主體觀照來生成萬物

牟宗三教授有一個很凸顯道家性格的話：「縱貫橫講」，人生在世要生親人朋友，也要生家國天下，要生成實現親人朋友，一定要「縱貫」，縱貫就是天人關係、上下關係，像天地生萬物，聖人生百姓，父母生兒女，老師生學生。那什麼叫「橫講」？橫講是就人的「心」認知「物」來說的，不再是人生人的天人關係、而是人的心對待物或認知物的心物關係。所以把本來是上下關係的「生」，現在轉成橫講，這樣的生人是心照現物，而形式上是心物橫攝的講，實質上是縱貫的生成；這就是「縱貫橫講」。

佛門跟老莊都是「縱貫橫講」，而基督教、回教跟儒家卻是「縱貫縱講」，儒家講天地生萬物，基督教講上帝，而回教說真主創造世界與主宰人間，它們是從天道、從上帝或真主說下來；而佛跟道家是橫講，橫講是用人的心來觀照，但一照就現了，現就是實現，也就是生成。

我們的哲學是「人救人、人生人」的哲學；因為人的心可以修養到跟天道一樣的無限，只要我把形氣「物」欲的有限性虛掉，也把心知執著人為造作的複雜性解消掉，那人的「心」不就等同天的無限嗎？本來是人物對人物的對等對待就好了，現在人經由修養把自己升越到天的位置來對待人世間的人事物。事實上我們是把天的生成之道引入人間，而在人的身上來修行體現，那人間的我就像天道一樣生天下人也生天地萬物了。那麼天道在哪裡？「唯道集虛」嘛。虛是「心齋」，所以人的心可以虛靜，就像一面鏡子照現天下萬物，而且「勝物而不傷」，可以充盡的實現萬物，而不會壓抑它某一部分的美好，不會掩蓋它某一部分的光采，也就是看到萬物的整體美好。「唯道集虛」，而「用心若鏡」，生發了「勝物而不傷」的妙用。

人的修養可以把天道的生成原理，引入人間來實現，這叫修行、道行。所以中國的哲學不走信仰的路，而走出修養的路，修養到聖人體現天道的境界；所以我們是人人皆可成佛、人人皆可為堯舜；我們是跟天地同在，跟萬物同行，把人物的有限修到天道的無限，再以天道的無限來生成人物與人間，這是「縱貫縱講」的形態；而用心靈虛靜來觀照照現，這是「縱貫橫講」的形態。以「橫講」的修為，來完成「縱貫」的使命，這就是道家「縱貫橫講」的實現原理。

第六章

大鵬怒飛的主體境界

「大鵬怒飛」是一個人的生命「由小而大」的成長，再「由大而化」的飛越，像大鵬鳥一樣的飛往九萬里的高空，且從「北冥」飛往「南冥天池」。生命的真相要從這一成長與飛越的歷程來看，而不要光從生老病死的終局來看。在老病死還沒有來臨之前，吾「生」總還有一段百年歲月，等著我們展開「大鵬怒飛」之主體生命成長飛越的人生前景。

我們從「生有涯而知無涯的處境與困局」出發，再講「乘物以遊心的本質與出路」，由「心齋與坐忘的修養工夫」，尋求「才全而德不形的自在天真」；且通過修養工夫證成「用心若鏡的實現原理」，進一步的體現「大鵬怒飛的主體境界」。《莊子》內七篇，〈逍遙遊〉是第一篇，但是我覺得一開講就暢言〈逍遙遊〉，會讓很多人不知人間艱苦，不食人間煙火，所以我把〈逍遙遊〉的主體境界，安排在修養工夫所存全的自在天真之後，再展現莊子一生所嚮往追尋之「逍遙遊」的主體境界。

「逍」是工夫，「遙」是境界

〈逍遙遊〉的主題寓言是「大鵬怒飛」，它的分量等同〈齊物論〉的「萬竅怒呺」，與〈養生主〉的「庖丁解牛」，主導全篇的義理走向。這個寓言故事是以鳥獸蟲魚做為主角，但是它要展開的是人為萬物之靈的生命人格，可以「由小而大」，再「由大而化」之成長與飛越的歷程，所以先解讀這個寓言故事的內涵與轉折，才能逐步的把蘊藏其中的精義開發出來。

「逍遙」現在已成了一個不可分的聯合複詞，就是生命自在的意思，〈逍遙遊〉篇中也是把「逍遙」二字一起說的，最後一段有云：「『逍遙』乎寢臥其下。」依王船山的解法，他把逍跟遙分開講，「逍者，嚮於消也」，「逍」是消解的工夫，你要把生命的有限性消解掉；「遙者，引而遠也」，「遙」是通過消解的工夫所開顯之廣大自在的境界，是高蹈遠引的意思，此海闊天空而任我遨遊就說是「逍遙遊」。我們前面講了「心齋」、「坐忘」的修養工夫與「才全而德不形」的自在天真；「坐忘」的「離形去知」或「心齋」的「無聽之以耳」與「無聽之以心」；皆可以轉化而成「用心若鏡」，以照現萬物。所以那個「逍」就是消解形軀生命的有限性，與心知執著所牽引而出之人間的複雜性；「遙」是消解形體的有限性與人間的複雜性而透顯心靈的無限性，「虛而待物」而「同於大通」。

不管是宗教信仰，還是哲學智慧，首先一定要體貼人生的困苦與哀傷；其次就是要給出一個願景，給出一點希望，把它們從困苦與哀傷中引領出來，能夠走向未來。所以有顧桐柏所說之「銷盡有為累」的工夫，與「遠見無為理」的境界，又說：「以斯而遊，故曰逍遙。」

《論語》孔子有云：「游於藝。」這個「游」跟〈逍遙遊〉的「遊」，有一個轉接點，只是儒家的「游」還是要在「興於詩，立於禮，成於樂」的人格養成與人文教化間展開，而沒有像莊子那樣的海闊天空，任我遨遊的氣勢。專就「游」的無心而自得來講，儒道兩家的體會是貼近的。原來生命的美感在儒道兩家都是心靈給出來的空間，在這一點上兩家是相通的。

解消生命的有限性

生命的有限性，在「吾生也有涯」，對莊子來說，生命的有限性本來就是人的存在處境，就像我們每一個人都落在某一竅或在某一個形體中；我想道家要消解的不是這個形體的存在，而是生命存在被心知執著扭曲，也在人為造作中變質的痴迷熱狂。

或許物欲有欲求，而形氣有限定，欲求讓我們不自由，形氣讓我們受束縛，都還在天生自然的層次。問題在，物欲的上頭是情累，情累的上頭是心知執著的心結。心打結帶來情的累，情負累引來物欲的扭曲與價值的變質，這才是生命存在落在「知也無涯」的人間複雜中所帶來的困苦。

所以莊子要解開的不是生命的本身，生命本身怎麼可以解開呢？老子說「無身」，要無掉的也不是生命自我，他所要無掉的是心知對自我的執著，形成自我中心與自我膨脹；所以我們要消解人物的有限性與人間的複雜性。而人間的複雜，來自於心知執著所牽引而來的人為造作，這個才是道家老莊所要消解化掉的。所以消解的重點，不在「吾生有涯」，而在「知也無涯」。

「生有涯」不得已，「知無涯」莫須有

「吾生也有涯」是一個存在的處境，「知也無涯」則是莫須有的人為造作；「吾生也有涯」是與生俱來的命定，所以只好認了；「知也無涯」是莫須有的紛擾跟流落，所以要解消它。此莫須有的存在困局是〈逍遙遊〉所要消解的，那就是所謂的「無何有之鄉」，心中無何有，無執著分別，無比較得失，就無困擾無煩憂了，也就可以回歸心靈的開闊自由，與無限寬廣的精神空間；這樣人生路上，人間世「無不可遊」，而天下事也「無非遊也」。

我想這是莊子在〈逍遙遊〉所嚮往的一個主體修養所開顯的境界，這個主體是生命主體，就是〈養生主〉講的「生主」，〈齊物論〉講的「真君」。所以我認為「大鵬怒飛」這個寓言就是主體境界的展現。因此我對「大鵬怒飛」、「萬竅怒呺」都給出正面的肯定；有的人不是這樣想的，認為「萬竅怒呺」就是是非紛擾，「大鵬怒飛」還是有待，他覺得「大鵬怒飛」還不行，那麼請問要怎麼樣才行呢？逍遙遊的空間在哪裡呢？讀到大鵬怒飛還說是有待，那難道是那兩隻小鳥正在逍遙而遊嗎？

我們講過「萬竅怒呺」就是天籟在地籟人籟中的開顯，這就是「萬竅怒呺」的存有大肯定；所以我說它是大地交響樂，生命無限的豐富，人間無盡的美好，有聲有色

多采多姿。「萬竅怒呺」，就是天地萬物都在宇宙長風吹向大地的當下，風本無聲，穿越了萬種不同的竅穴，而發出萬種不同的生命樂章，人人是人籟之真，物物是地籟之和，怎麼會是人間的是非紛擾呢？

大鵬怒飛的主題寓言

〈逍遙遊〉第一大段就開講「大鵬怒飛」的寓言：「北冥有魚」，北冥就是北海；莊子用「冥」字，有一點接近老子所講的「玄」，後來我們喜歡講「玄冥」，把老子的「玄」和莊子的「冥」一起說。「北冥」指涉的是一個孕育生命的大海。他不用海，而用冥來說，貼近老子所講的玄牝：「玄牝之門，是謂天地根。」（六章）「玄牝」就是天上的母親，「北冥有魚，其名為鯤」，鯤是魚子，魚子極小，但莊子卻偏說：「鯤之大，不知其幾千里也。」他竟然將「鯤」說成幾千里那麼大。我認為這句話蘊藏生命是「由小而大」的意涵，因為生命本質上是隨著歲月成長的。

這一方面西方學界通過達爾文給出一個重大突破，生命是會在時間中進化成長的。在牛頓的物理空間，時空座標已定在那裡，是靜態的；達爾文出道以後，改變了整個西方的學術傳統，由靜態的單位時間轉為動態的思考，衝擊舊日學術思想的走向，強化了生物本能在文學藝術的分量，原來生命是會在時間中成長的，達爾文講「物種源始論」。而莊子以為生命的個體是在成長中的，「北冥」是生命孕育之場，所以本來是一條像魚子那麼小的小魚，牠會展現由小而大的成長能量，最後長成「不知其幾千里也」那麼大的一條大魚。

「由小而大」是成長，「由大而化」是飛越

底下說：「化而為鳥，其名為鵬。」一條幾千里大的大魚，「大」是一個累贅，是一個負累，所以一定要把「大」化掉，才能輕鬆自在。這個「化」當然是轉化，有時候我們把「大」跟「化」這兩個字加在一起，就說「大化流行」，這是講生生不息的生命氣象；生命在時間中成長，就是「大化流行」。一條大魚蛻變而為一頭大鳥，「鵬之背，不知其幾千里也」，由一條大魚蛻變轉化而成的大鵬鳥，也是幾千里那麼大。這一小段先講生命是「由小而大」的成長，再講生命是「由大而化」的飛越。

講「大」跟「化」，在孟子哲學也有同樣的生命理念，孟子說：「充實而有光輝之謂大，大而化之之謂聖。」我引據孟子的意思，就是在他們那個時代，很可能「大」跟「化」，已成儒道兩家共同的生命理念，而兩大家都在追尋生命的「大」跟

生命的「化」。這不是說我以儒家來解莊子，很多人認為我的老莊是儒家式的老莊，我不知這是讚美，還是責難；不過我怎麼會是儒家式的老莊呢？我對老莊的體貼如此親切，還會是儒家式的理解嗎？怎麼會有這樣的質疑呢？你不能說孟子講過「大」跟「化」，所以道家就不能講「大」跟「化」；那道家要講什麼？道家哲學追尋的理想是生命要成長，要飛越嘛，要壯大，要轉化嘛。這個是人文心靈的共同理想，基督教、佛教都一樣，我們怎麼會把它當作忌諱，說只有儒家可以講「大而化之之謂聖」，道家的就不能講大跟化，怎麼可以如此的偏執？所以我們要解讀它講的是生命的轉化，不要看到「鯤化為鵬」，就認為它是達爾文的前輩，說莊子講進化論。鯤化而為鵬，是講人的主體生命的轉化與飛越。

與天地大化同在同行

底下說：「怒而飛」，這個「怒」不好說，就是奮起而飛的意思。我覺得這是一種生命力的凝聚，在一個重大的關鍵時刻，會有一種爆發力；我不是說要以千年功力，過百年人生嗎？有時候我們儲存幾十年的功力，就在某一剎那做一全然的展現，這叫「怒而飛」。整個生命在那一分那一秒做一整體充盡的展現，奮起而飛，這個背後的支撐就是整個生命凝聚的功力。我們現在都講功德，不大講功力，而生命力或功力，還是由內斂涵藏而凝聚在那裡，等在那裡；在一個決定性的時刻，就會啟動而有全幅的展現。

大鵬鳥奮起而飛翔，「其翼若垂天之雲」，翅膀展開就像雲垂天旁；哇！那個翅膀遮住了半邊天。我們要用一點美感想像，來觀賞這一隻在天空中振翅高飛的大鵬鳥。「是鳥也，海運則將徙於南冥」，牠好像是宇宙生命的代表，這麼一隻大鳥，當海上長風吹起的季節，就要飛往南冥天池了。注解家都說「六月海動」，大概是指季節風。我看電視播報帆船比賽，好像要從歐洲航向澳大利亞，大概要一個月的時間，很壯觀，幾十隻帆船同時開航，純然是自然風力，人為的操作是順應自然風向前行。帆船比賽不能跟大鵬鳥的形而上之旅相提並論，小巫見大巫嘛，莊子的大鵬鳥是整個天地大化的精華凝聚而成的。當天地自然之氣啟動，而海上長風吹起的時候，牠就要從北冥飛往南冥了。在孕育萬物生命的北冥，牠從一條小魚長成而為一條大魚，再從一條大魚轉化而成一隻大鵬鳥，牠又與天地大化同在同行，而飛往南冥。

這裡莊子是把主體的大化（大鵬）跟客體的大化（海運）同體流行，已經主客合一了；最後說：「南冥者，天池也。」這句話可以說是「畫龍點睛」之筆：點睛而活現的神龍，就是天人合一的終極理境：這是主體生命修養體現的境界，通過「大鵬怒飛」的生命氣象來展現。

人物是天使，人間是天國

莊子底下還有兩段話，講「大鵬怒飛」引發的迴響，我覺得從北冥飛往南冥，事實上就是從人間飛往天上的意思；看起來好像是講地理位置的南北，像是地球儀標示的南極、北極，不能說從北極飛往南極；因為南北只是地理的分異，而莊子明確的告訴你：「南冥者，天池也。」所以「北冥」說人間就是生命成長轉化的大海，飛往南冥是從人間飛往天上，這是形而上的生命飛越，而不是環繞地球一周的觀光旅程，因為繞著地球跑，在層次上並沒有任何突破，還是在原地踏步。

此中有一個值得深思的問題：那「大鵬怒飛」的寓言，是不是要我們從人間逃離，而飛往天上呢？在此我們要有一關鍵性的理解，那就是「南冥不離北冥」，我們說天上人間，也說人間天上；當這個世界上的每一個人都由小而大、由大而化，那幾乎每一個人都成了天使，如是人間也就成了天國，那還要移民嗎？還要飛向外太空嗎？還要去找尋一塊淨土嗎？塵垢污染是來自人的心知執著與人為造作，要做「心齋坐忘」的工夫啊，每一個人都由小而大、由大而化了，主體的大化跟客體的大化合而為一，「天地與我並生，萬物與我為一」了，沒有分別比較的心，沒有得失心與患得患失的心，這個時候人間不就是天上了嗎！

所以我相信所謂的「南冥」就在「北冥」，莊子只是展示一個生命的成長壯大與飛越轉化的歷程而已。譬如說我們想要去旅行，因為想要拋開現實生活的束縛，放下沉重的壓力，結果說了半天，還是原來那群無趣的死黨同學，跟原來那位早已受不了的老師一起去旅行，想一想那又何必呢？只是原班人馬，換了另外一個地方演出老戲碼而已嘛，束縛、壓力依然在那裡，無聊、無奈依然在那裡。所以有時候友朋間問起想去旅遊嗎？或許大家會興致勃勃的說：去吧去吧！接著又問：那跟誰去啊？跟曾昭旭！那不用去了；還要去嗎？在台北已經牽連在一起了，還要連線到海角天邊嗎？

西方有一個寓言故事：「有一回天堂開放了，大家就一個接著一個排隊進入天門，到了最後，有一個人徘徊在外，堅持不肯進去，那個人一定是哲學家，他就坐在門外拒絕進去。看守天門的人好奇的說：『今天可說是千載難逢的機會，天門開放了，你怎麼不進去呢？』他說：『進去幹嘛？原班人馬都在那裡了！』」原來關鍵在人的成長與飛越，世界總是在那裡，問題是你長大了沒有？你飛越了沒有？

不要誤以為莊子是要我們從人間逃離，飛向一個無何有之鄉的桃花源；桃花源在哪裡？通過「用心若鏡的實現原理」，就在我們虛靜觀照而照現之同於大通的境界。

畫地自限的小蟲生命

莊子講這一段寓言的時候，也請出了兩個配角來襯托主角的恢弘氣勢，配角就是「蜩與鷽鳩」，蜩是蟬，鷽鳩就是小鳩。主角是大鵬鳥，超離在蜩與鷽鳩的想像之外，牠們不以為然的質疑說：「大鵬鳥你為什麼要衝那麼高，飛那麼遠呢？」這兩位自我講評的說道：我們兩個「決起而飛」——想飛就飛叫「決起而飛」，「搶榆枋」——榆枋是矮樹叢。這個「搶」字真生動，就是直衝而上的意思。我們想飛就飛，衝向那個矮樹叢。

「時則不至，而控於地而已矣。」「則」當「或」解，有時沒管控好，沒衝上枝頭，最多也只是一頭栽在地面上而已，自家不好意思爬起來，拍拍翅膀，依然故我，沒有損傷啊。牠自己說像我們這樣也很好嘛，你為什麼要衝那麼高，飛那麼遠呢？生命一定要做如此這般的大翻轉嗎？要大燃燒嗎？像我們不是說飛就飛嗎？想搶上矮樹叢就直衝過去，有時候也不一定能衝得上，又飛得到的，難免會掉落地面，因為是小鳩嘛，而蟬的生命力又更有限了。但是不構成災難啊，抖落一身塵土又是一條好漢啊。此好有一比喻：大鵬鳥就像七四七型的大客機，它的跑道要特別長，不夠長它起飛不了，而且跑道不夠長，下降時也停不住；小型飛機，跑道就不必那麼長，它只要一半就可以停下來了。而這個小鳩就如直昇機，天下只有直昇機才能說飛就飛，掉下來也沒事，飛行員還可以自己走出來，要是七四七跌落那可是大空難。所以牠就像小直昇機嘲弄七四七大客機：你為什麼要長得那麼大？要飛那麼高又那麼遠？像我們不是很恬淡自適怡然自得嗎？

第三小段還推出一隻「尺鷃」（斥鷃），尺鷃就是飛不過一尺的小鳥，牠大言不慚的說：我「翱翔蓬蒿之間」。前面講「榆枋」，這邊講「蓬蒿」，也是矮樹叢之意。我就在蓬蒿之間來去自如的飛翔，「亦飛之至也」，這個也是飛的極致啊。我們這樣不是也飛得很快意嗎？「我騰躍而上，不過數仞而下」，飛騰跳躍上去，不過數仞高就俯衝而下。自我描述說「翱翔蓬蒿之間」，自我評價說「此亦飛之至也」，再疑惑不解的請問大鵬鳥：你為什麼要飛那麼高，飛那麼遠呢？你到底要飛到哪裡去呢？這很有意思，牠認定自身已是飛的極致。

所以通過蜩與鸒鳩或尺鷃，襯托出大鵬鳥的生命意態，莊子說：「之二蟲又何知？」「之」是「此」的意思，說這兩隻小蟲怎麼知道大鵬鳥的大化境界呢？尺鷃也是小鳥，尺鷃只在蓬蒿之間遨翔，蜩與鸒鳩只是搶榆枋，牠們都是畫地自限，還自認這也是飛行的極致；不知人間美景一山還有一山高啊。

小大一也，各有各的逍遙

這一句「之二蟲又何知？」郭象的注釋很獨出心裁，他立身魏晉，那是儒家理想隱退失落的年代，所以他不依據原典的語文脈絡來解說，反而把「之二蟲」解成大鵬鳥與小鳩，大鵬鳥與小鳩又怎麼知道呢？這個說法完全悖離語文脈絡的客觀意義，他硬是扭曲莊子本義成為他自家義理的註腳。因為在魏晉那樣的時代還能講大鵬鳥嗎？所以他說小鳩也一樣逍遙，大鵬鳥逍遙，小鳩也逍遙，這就是他說的「小大一也」；都一樣的逍遙，小鳩有小鳩的逍遙，大鵬有大鵬的逍遙。

當然了，你怎麼能夠希望小鳥會變成大鵬？問題是莊子講的是人，是人的心靈，心靈是可以大跟化的，心靈不是光無限柔軟，它也無限寬廣；我們要有溫柔的心，也要有一個寬廣的心。所以我說道家的虛靜心等於法寶中的法寶——乾坤袋，它可以奧藏世界萬物。小鳩當然是受到形軀的拘限，不可能長成大鵬鳥；但是問題在寓言主角雖是鳥獸蟲魚，而莊子要講的卻是人的主體生命啊；那主體生命是人的心，心靈是無限寬廣的；所以心靈是可以由小而大，由大而化的；你的精神生命可以跟天地生命合而為一的。我相信孔夫子、老子、佛陀、耶穌基督、真主阿拉都是這樣的生命境界，但是郭象就以他的時代來看，說「小大一也」，硬把「之二蟲」說成大鵬鳥與小鳩。

他試圖為他所處的時代平反，他為那個時代的知識份子預留「逍遙遊」的空間。

〈逍遙遊〉立小大，〈齊物論〉破小大

所以讀到郭象的注解，你要知道那是他受到時代的限制；莊子顯然是肯定生命的大，所以他底下講：「小知不及大知，小年不及大年。」又說「朝菌不知晦朔」，「朝菌」是早上生、晚上死的菌菇，所以牠不曉得月初跟月末；「晦朔」就是指一個月的開端（朔）跟一個月的終了（晦），因為牠只有一天的生命，怎能知道一個月的始末呢？下面說「蟪蛄不知春秋」，「蟪蛄」是夏蟬，牠不知道有春天，不知道有秋天，因為牠只有一季的壽命，所以牠以為整個天候氣象就是夏季，這叫「小知不及大知」。

而「小年不及大年」，在海上靈龜的一季是五百年喔，「楚之南有冥靈者，以五百歲為春，五百歲為秋」；另外有一種古老的樹木叫大椿，「以八千歲為春，八千歲為秋」，它一季八千歲。那人間呢？我們最推崇彭祖，因為彭祖八百歲，大家都好羨慕彭祖，莊子卻說：「不亦悲乎！」因為我們實在是不曉得天高地厚，以為彭祖八百歲就是我們最高的年壽，你知道大椿是「八千歲為春、八千歲為秋」嗎？這叫

「小年不及大年」。這是不能更動的肯定語氣，故總結一句：「此小大之辨也」，這是小大的分別。這可是依莊子原典做出的解釋，他先說尺鷃笑大鵬鳥，而以「此小大之辨也」作結，這是說小大的分別就在此，自己小眉小眼，還嘲弄人家大心胸、大氣魄。這個意思鐵案如山，沒有任何討論的空間和餘地。

現在大家想問的問題，可能在莊子的思想是要破小大的，〈齊物論〉不是破小大嗎？什麼「大知小知」、「大恐小恐」，「知」是心知的執著，「恐」是生命的恐慌，形成了情識的纏結，你會有恐慌感，因為你承受小大分別的龐大壓力，所以形成生命無邊的恐慌。〈齊物論〉所破的是心知執著的小大，〈逍遙遊〉所立的是心靈生命的小大，生命跟心知是要分開來做出詮釋的；心知執著的小大要破除，但生命的小大則是要確立的。

生命立小大，心知破小大

高柏園教授在《莊子內七篇思想研究》的論述中，比較了幾家的說法，說王邦雄老師怎麼講，唐君毅先生怎麼講，牟宗三先生怎麼講，他一個一個省思過來。他比較接近郭象，因為他說莊子是要破小大，怎麼可以反過來立小大？我的想法是：心知破小大，生命立小大！所以師生間也可以容許不同的詮釋角度。誦讀經典，消化經典中的大智慧，就是讓我們的生命往「大」、往「化」的路上走。

譬如說大用小用，有用無用；我們常說這個人有用，那個人沒有用；或說這個人大用，那個人小用；這樣的分別是要破解的，因為這個「用」的標準可能是從分數來說的，考九十五分這個學生有用，那考不到九十五分呢？就說：「啊，你無路用！」這實在沒有什麼大道理，你是在升學主義之下的分數主義，等同分數崇拜！所以莊子要破解的就是執著這個標準的不合理，「天下皆知善之為善」，你把善定在分數排名，「皆知美之為美」，你把美定在財富排行，這樣的價值觀是大有問題的。

道家的價值取向，是要從心知執著的「有用」轉成解消心知執著的「無用」，最後定調說：「無用之用，是為大用」，「無」當動詞來解，無掉「用」的執著，讓「用」回歸生命自身，這樣的用，才是人人皆有用的大用，這個「大用」是回到生命本身的「用」，不是以某一個外在之不合理的標準來區分的小大；你以為它反對大嗎？所以問題是出在這個「用」的標準本身，是不合理的，這是心知執著而來的主觀偏見；「無用」就是解開執著與分別，從社會功利的價值標準釋放出來，每一個人都可以凸顯他自家的用，而自家的用就是每一個人的大用。

大用就是顯發生命本身的用。這邊的「大」就是「生命本身」的「大」，不是

〈齊物論〉所批判的因執著而分別的小大。〈齊物論〉所要破解的是在「心知」的層次說，〈逍遙遊〉所要釋放的則是在「生命」的層次說，二者要做出簡別。

無掉世俗的用，回歸自身的用

今天講莊子，好像人不可以有分別心，其實分別心來自心知的執著（有大知小知、大言小言，與有用無用、大用小用的分別），「無用之用，是為大用」，是從無分別心的生命自身來說；有分別心，就會走向分數主義、功利主義；所以大家比氣力、比財力、比權力；這就是我們已走過來的台灣社會。現在我們就是要從「有用」的執著分別中超離出來，而翻越到「無用」的層次上來說，這個「無」就是解消、釋放的意思，無掉世俗街頭的用，每一個人就可以回歸生命本身的用。

所謂的「大」，都回到生命的本身來說，顯現每一個人生命本身的大用，這就是〈逍遙遊〉所要凸顯的主題，「此小大之辨也」，就是這個意思。「心知的小大」他要「破」，「生命的小大」他要「立」。在無分別心的層次，無小大之分，一體皆大，大家都大；在有分別心的層次，就有小大之分，執著分別帶來比較得失且患得患失的生命壓力。無心無知無用是一體皆大、人人都大，這一「生命的大」他要挺立。

大鵬怒飛之主體生命的飛越，其價值意義就在此。

「有用無用」的區分，是在某一個「用」的標準之下，說有的人有用，有的人無用。「無用之用」的「無用」，就是完全放下「用」之執著分別的價值標準，無掉世俗功利的價值標準；「無」當動詞用，無掉放開。我們從用的那個套套解放出來，心無執著分別，而回歸每一個人的性向才情，展現他自己最有感覺的，且最光采的那一面，那就是「無用之用」的大用了。由是而言，〈齊物論〉要破「有用」的用，而〈逍遙遊〉要立「無用」的用。我們從「之二蟲又何知？」講到「小大之辨」，底下要講的是主體生命的四層進境。

第一層境：知效一官的有求於外

主體生命的第一層境是：「知效一官，行比一鄉，德合一君，而徵一國者。」這樣的人就是傳統社會所認定的成功人生，心知才學可以盡一官之職的責任，行誼可以得到一鄉之民的肯定，品德可以獲致一國之君的賞識，且得到一國之人的信任。莊子卻給出這樣的評價：「其自視也亦若此矣！」這樣的人的自我期許，就像那隻小鳩（尺鷃）一樣。你看看，莊子把人間功成名就的人說成像小鳩一般的小心眼、小格局，又怎能跟飛往南冥的大鵬鳥相提並論呢？

《郭象注》給出知識份子自我釋放的空間，因為在一個不能開發理想的時代，安頓生命是每一個讀書人的沉重壓力，所以乾脆把理想取消，說大鵬鳥跟小鳩一樣；這樣可以為自己，也為自己的時代，解消了來自於人文價值的反省與批判。《郭象注》釋放了他自己，也釋放了整個世代的知識份子，所以他也是了不起的哲人！「知效一官」的人，有功有名，追求功名利祿是「有求於外」。這是第一個層次的人。

第二層境：困守於內的榮耀

第二層境是宋榮子，宋榮子的「榮」，指涉的是他維護自家的榮耀，所以他一定要擺脫功名，因為外來的功名是「有求於外」，不是生命自身的。十年寒窗的讀書人都考科舉，每一個人都要一舉成名天下知，走上這條路還能有自家的尊嚴跟榮耀嗎？文人雅士喜好作詩填詞，又希望他們挺身出來治國平天下，怎麼可能？所以文人是會誤國的，因為太浪漫了嘛，與世俗民間距離太遠了嘛！所以宋榮子根本看不起追求功名利祿的讀書人：「舉世譽之而不加勸，舉世非之而不加沮」，「非」當「誹」解，舉世的人都說他對，他也沒有得到任何鼓舞；舉世的人都說他不對，也不會讓他心情沮喪。這是很難做到的！他就是把整個世俗毀譽排除掉，因為那個是身外物。名利權勢當然是身外物，就算世俗的是是非非、世俗的評價也都排除在心之外；所以他的心不會承受勸勉或沮喪的衝擊。

但你不能說我只要稱譽、不要毀謗，等待稱譽的人隨時得面對毀謗加身的可能；所謂「譽之所在，謗亦隨之」，你不能人家說我好我都聽，人家說我不好我拒絕聽，心知一起執著就有了分別，正反兩面都一起來，是非毀譽同時成了每一個人的壓力。所以心一定要無掉是非毀譽的執著分別，名利權勢功名利祿也都是身外物。

所以宋榮子「定乎內外之分，辨乎榮辱之境」，「分」位由內外而定，處境則有榮辱之別。「內」是榮，而「外」是辱；所以「有求於外」的功名利祿他不要了，他只要內在本有的生命榮耀，這是宋榮子立身處世的招牌。所以宋榮子「無功無名」而無求於外，卻走向另一個極端，他「困守於內」，他把自己困在守住自身生命榮耀的「內」之心，宣稱我不要心外之物；等於困守在一座孤立城堡的心之中。無掉功名就可以遠離毀譽，避開了因失去功名所要承受的屈辱，這樣就能維繫內在的尊嚴。因為有求於外，一定會落在「寵辱若驚」（《道德經》十三章）的處境中，不論得失，都同樣驚恐，只有「無功無名」，排除對外在權勢的攀緣與投靠，而回歸自我，才能維持自家生命人格的榮耀。這就是宋榮子的獨特風格。

想得恩寵已屬屈辱

對那些「知效一官」的人，宋榮子是「猶然笑之」，他看不起追逐功名利祿的人，因為他們就像那隻小鳩，小眉小眼的，格局小，沒有開闊的胸襟；宋榮子看不起他們，因為他們失去生命的榮耀，他無求於外，卻困守於內，他把自己困住，守在他心知所執著造作的一座孤立城堡裡面。這樣「困守於內」的生命形態有一點像「金鐘罩」工夫，金鐘罩就是你練的功夫像一座大金鐘把自己罩住，使外在的刀槍攻不進來，自己的安全就沒有問題了；問題是自己也出不去，因為你把自己困在你的金鐘罩裡面了。宋榮子可以無功無名，可以無求於外，卻停留在「有我」的層次，雖說內是榮、外是辱，為了維護自我的榮耀，不想逼自己落在「有求於外」的紛擾中，卻也同時迫使自己掉落於「困守於內」的孤寂之中了。

他的存在分位定於「內外之分」，他的生命處境則別於「榮辱之境」，用老子的「寵辱若驚」來理解最清楚了，因為「得之若驚，失之若驚」，就連得了「寵」也算是辱，因為想得到榮寵的念頭本身就是屈辱，你只有不要它，才能保有尊榮；所以宋榮子要排除求取功名利祿的人生道路，因為那會失去了自我的尊嚴與榮耀。

未有內涵的空洞榮耀

這樣的人放眼當世，當然不多見，但是莊子卻說：「雖然，猶有未樹也。」「未樹」就是你自己的價值內涵還沒有樹立起來，你所謂的榮耀只是形式意義的榮耀，不是具有價值內涵的榮耀。宋榮子的榮耀就是我不要了，人生最後的尊嚴就是我可以不要。但是他不要了也不代表榮耀，因為他只是說我無求於外，而屬於他自己的價值內涵，卻空在那裡，還沒有充實確立，他的榮耀只是空洞的榮耀。

你儘可以說：我不要身外物的功名，我也不在乎心外物的毀譽，我把它們都排除掉，然後維繫我內在的尊嚴榮耀。但是這樣的榮耀是沒有真實內涵的榮耀，因為你只是藉著無求於外，來凸顯榮耀；而真正可以榮耀自己的內涵在哪裡呢？譬如說現在年輕朋友都很想擁有「自信」，有一個研究生問我：「老師，要怎麼樣才能建立自信？」這位研究生是從清華到中央來聽老莊的，我給他兩個答案：「從儒家來說，自信就在『我是對的』；從道家來說，自信就在『我是真的』。」這就是自信的內涵。自信的信本來是真實、信實的意思，自我真實的人他就有自信，所以要做真人、講真話，追尋真理，顯現真情，都是真的，這叫自信。我們擔心的是都是假的，都是假的那就落空了。

所以宋榮子的「榮」是形式的榮耀，是空洞的榮耀；他只是以「不要」為榮耀，以「我無求於名利權勢」來維護尊嚴而已。所以，莊子說他「猶有未樹」也。

第三層境：列子御風而行的原地踏步

生命第三層境是；「列子御風而行，泠然善也，旬有五日而後反。」「泠然善也」就是輕妙自得，因為他御風而行，可以免乎跋山涉水的疲累；就是走路還是會累呀，所以我們寧可搭電梯，不願意爬樓梯，再另外找時間去運動場跑步。但是莊子說他「旬有五日而後反」，說他御風而行，看似功力超強，但是十五天之後，風又把你刮回來，送回原地。

本來我們的「行」，都有一個人生的方向，有一個人生的理想，可以主導自己一生想走出來的人生道路，追尋自己一生想要擁有的價值內涵，像「南冥者，天池也」就是終極理想之地。但是列子不是，因為風向風勢是隨時更動的，你御風而行，結果老天跟你開了一個大玩笑，又把你送回原地。股票市場不也是經常如此嗎？從低點爬升到高點，又從高點跌落原點，看起來好像有一段進程，實則還是回到市場機制；但是讀書成長就不會把你送回原地，修養德行也不會把你逼回原點。

投靠風勢攀援風向，或許可以輕妙自得，感覺很好，因為有如放風箏般在半空中飄搖，免於行路的累；問題是十五天之後赫然發現又回到原地踏步了。所以莊子說是「猶有所待者也」，他有待於風向風勢，來決定自己往哪邊走，且可以走多遠。現在要讓哪個人參選或擔任要職，總要先拋出風向球，看輿論反應怎麼樣，各界是否接受？還未入閣都已滿身傷痕，這就是「有待」要付出的代價。

放開自己，隨風而去

所以列子御風而行，是有待於風向，因為風向未定，可能翻轉又把他刮回原地；列子的功夫表現在「無己」，宋榮子可以「無功無名」，但是還是「有己」，他困守著一個孤寂的自己，把自己困在孤立的城堡裡面，榮耀也是空洞的榮耀；用金鐘罩把自己罩住，別人進不來，自己也出不去。列子不只無功無名，他更進一步「無己」。

但是我們要瞭解他無掉的是形軀的束縛，所以他是一種形體的解放。形體的解放是很不容易的，大風吹，你敢隨大風而去嗎？我們一定是站穩腳跟，不讓風把我們捲走，因為你要是真能把自己解消，放下形軀，那就聽任強風把自己刮走了；不過看起來像我御風，實則是風御我。你能隨風而去，這是很大的突破，就是把自己解放，有一點豁出去的味道，解消自己的束縛。所以列子的「無己」，僅是形軀的解放、形軀的修鍊。道教工夫走向形軀的修鍊，形軀的修鍊已經很不容易了，但還不是莊子的最高境界，所以他說：「此雖免乎行，猶有所待者也。」列子還是有待的。

「免乎行」我把它解成免乎行走的累，走路是很累的嘛。你怎麼可能御風而行？因為你放開自我，解消形軀的束縛，聽任風把自身刮走。這樣就不是我御風，而是風御我喔；這是列子最大的難題。所以「列子御風而行」跟「大鵬怒飛」是不可等同的。有的人說大鵬怒飛就等同列子御風而行，怎麼會把他們混在一起呢？大鵬怒飛的背後是精神的解放，由小而大、由大而化的成長飛越；列子御風而行，精神上沒有突破，只是無掉形軀的束縛，隨風而去，讓風把自己捲走，「旬有五日而後反」，十五天之後又被送回原地。少了主體的大化，精神意態上沒有任何突破，又未與自然的大化一體並行，怎能如大鵬怒而飛往南冥天池的終極之地。

第四層境：與天地同在，與六氣同行

所以第四層境才是莊子生命修養之最高境界的展現，「乘天地之正，而御六氣之變，以遊無窮者，彼且惡乎待哉。」最後的描述是：「至人無己，神人無功，聖人無名。」那宋榮子不就可以「無功無名」了嗎？列子不就可以「無己」了嗎？二者加在一起，似乎就可以上達於無己無功無名的最高理境了，不過層次還是大有不同。

最高境界的「無功無名」是從「無己」來的，一個人無己也就可以無功無名，一個人有己也就有功有名；這個「有己」就是老子說的「有身」：「吾之所以有大患者，為吾有身；及吾無身，吾有何患？」（十三章）「無身」就是「無己」，既無掉心知對自身的執著，就不必逼自身去打天下、搶功名利祿來富麗自己榮耀自己了，也就不必背負天下功名利祿的重擔；因為要跟天下人奔競權勢又爭逐名利，而這就是無邊的大患。所以說無掉自身的人，「吾有何患？」那對自我來說還有什麼好擔心受怕的？因為患就在功名嘛，「寵辱若驚」意謂想得到恩寵的本身就是屈辱，理由在不論得或失總是帶來驚恐。所以這邊的「至人無己」是精神的解放，他所無掉的己是精神的己，是精神的自我釋放，精神的絕對自由。（這個「絕對自由」是章太炎說的，他說：「〈齊物論〉是絕對的平等，〈逍遙遊〉是絕對的自由。」）

所以儘管都是無己，「至人無己」所無掉的己，是生命的主體，精神的己；所以是精神的自我釋放，心靈的絕對自由。列子的「無己」只是形體的修鍊、形軀的放開。老莊道家跟道教最大的分別就在：道教的修行比較強化形體的修鍊，老莊重在精神的超越提升。老莊講心靈的修養，到了道教就落在形軀的修鍊。就像本來儒家是人文的涵養，到了儒教便是人間的教化；所以儒教是儒家人文涵養的落實人間，道教是道家致虛守靜的落實形氣，這是比較公平的說法。但是你不能夠只講形氣，不講心靈啊，因為源頭活水在心靈這邊啊；道教的修鍊若僅停留在形軀，心靈不開拓，老畫符唸咒作法，意在控制天地萬象與人間萬物，就開創不出一個無限寬廣的精神空間。

與天地萬物同在同行的無待逍遙

所以我們一定要通過列子再升進一層，才是大鵬怒飛而飛往南冥天池的最高境界。而大鵬怒飛的主體境界就在「至人無己，神人無功，聖人無名」。因為無己，功名就無所依附，而心神就往上升越。莊子給出「乘天地之正，而御六氣之變，以遊無窮者，彼且惡乎待哉」的描述。「惡乎待哉」，是「還有什麼好等待」的反問句，事實上就是「無所待」的意思，更簡潔的說就是「無待」。所謂的「逍遙遊」，莊子就是用「無待」來界定的。因為你已經跟天地萬物同在並行了，「天地與我並生」了，「萬物與我為一」了，你已「遊乎天地之一氣」了。

本來「通天下一氣耳」，天地間只有一氣之化，再無人我的分別了，那還有什麼好等待的呢？人間世界也就無窮無盡了。「以遊無窮者」，蘇東坡的〈赤壁賦〉就在講這個「無窮」，「惟江上之清風，與山間之明月」，都是一氣之化中無窮無盡的美景，你何必在人間行走打天下呢？你可以到碧潭划船賞月，不就是江上清風、山間明月嗎？「乘天地之正，御六氣之變」，就是你跟天地同在、跟萬物同行，天地萬物就在一體和諧中同體流行。我跟天地同體，我跟六氣同行；就在天地的大化中同體並行。天地萬物是一個大化，而生命主體也是一個大化，主體生命的大化跟天地萬象的大化結合，同體朗現「南冥者，天池也」的最高理境。所以這個時候叫「無待」，還有什麼好等待的呢？

「無窮」就是所在皆是，到處都是人間美景；「無待」就是當下即是，任何一個時刻都是人間好時光。當下即是，所在皆是，這才是「逍遙遊」啊。因為逍遙遊就是一個生命主體心靈修養所開顯的境界，是由小而大、再由大而化的主體大化，最後跟天地的大化同體流行，此之謂「海運則將徙於南冥」，而「南冥者，天池也」更是畫龍點睛之筆，一條活現的神龍就此飛天而去！

不可乘何須乘，不可御又何必御

我們再來看「乘天地之正」怎麼解？天地那麼大，而人這麼小，怎麼能乘呢？天地是不可乘的，你可以乘車、乘飛機，但是天地不可乘。再說人又怎麼能夠駕御六氣？六氣瀰漫在天地間，所以六氣也是不可御的。既然天地不可乘，六氣不可御，那莊子這麼說的意義何在？就是不必乘、不必御！我們都以為要去統領天地、要去駕御六氣；不必啊，你只要跟它合為一體就可以了。

我們不一定抓住別人，但是你可以跟他站在一起。你為什麼要控制百姓呢？你可以站在百姓那一邊；只是歷代野心家想不通、看不透，孟子不是說「仁者無敵」嗎？仁者是站在百姓那一邊，所以無敵於天下；無敵於天下是不與百姓為敵，而不是要打敗天下百姓。那我跟天地同體，跟六氣同行，這樣就好了嘛。所以天地本來不可乘，六氣本來不可御，那為什麼講「乘天地之正，御六氣之變」？這個「正」指涉的是天地自然之性；乘天地的自然，御六氣的變化，實則是不必乘、不必御。我們為什麼一定要抓住？一定要掌控？我們為什麼一定要宰制別人、駕御別人？不必嘛，你把它放下來就對了，你只要跟它同在、跟它同行不就無待逍遙了嗎？

當下即是，所在皆是

郭象注很精采，他說：「所遇斯乘」（「斯」是則的意思），你不一定要憑藉什麼，你碰到什麼天氣就跟它同行就好了。今天最簡單的解釋就說是「隨緣」，跟著時間同行，你就永遠不會落後；請不要錯過屬於你的時機與你的年代。所以我會說：與命同在，與緣同行；與緣同行就是隨緣，與命同在就是認命。認了嘛，隨它嘛，人生只有這兩個基本態度，與天地同在，與萬物同行，這就是「所遇斯乘」的意涵。

所以從「所在皆是」來說，船山說他「無不可遊」，而從「當下即是」來說，船山說是「無非遊也」。人生任何場域無不可遊，任何活動無非遊也。不然《論語》怎麼可以講「游於藝」呢？「藝」是詩書禮樂，看似很莊嚴的事情，問題在，你可以有遊戲的心情。底下說的另一段小故事，是「堯讓天下於許由」，堯還是用遊戲的心情在治天下，他跟許由說，「夫子立而天下治」，天下大治可不是我治的，是許由先生你閣下像標竿一樣，立在天地間的一個小角落，所顯現的「無為」而治的。我沒有治天下，天下是你的「無為」治的。所以等同放開天下，因為人間世無不可遊，天下事無非遊也。這就是逍遙遊！

關鍵就在「無待」；「有待」讓我們被綁住而痛失生命的自在，「無待」才恢復自由身。那請問怎麼能無待？那就是我不等了！我們不是一直在等放假嗎？在等退休嗎？在等兒女長大嗎？等到地老天荒，等到年華老去，一生就在等待中過去；實則人生的美好，就是每一當下的現在！讀書的時候逍遙，工作的時候也逍遙，做家事的時候也不改逍遙，這就是「煩惱即菩提」的意涵，就在煩惱中證菩提。少了「當下即是」與「所在皆是」的體悟，那逍遙之遊就永遠不可能了。

從條件串系的相互依待中超離出來

問題是做一個人總是有待的呀，我們不是有待於台灣的經濟復甦嗎？有待於全球各大洲之間的金融穩定嗎？有待於世界各國的和平相處嗎？沒辦法，國際間老是相互牽動。我們不是有待於一家人的平安嗎？只要有人生病，有人心情不好，心頭就有陰影，而承受沉重的壓力，總是落在有待中；因為這個世界有很多條件依待，有很多因果連結，我們都在那個因果、條件的串系中，這叫有待。

所以就一個現實的存在來說，我們是有待的；活在人我互動中，我們是有待的。兒女的好有待於父母，父母的好有待於兒女；所以人生的現實存在都是有待的。處在一個群體社會的架構中，我們扮演的角色功能都在條件串系中相互依待。所以「無待」一定就心靈涵養所開顯的境界說，所謂由大而化的「化」，一定是就「心」的空靈所顯發的理境與自在而言。心的靈「有」出了無待的空間，世界文明在崩壞中，我們的虛靜心靈還在那裡給出無待的救援空間。

知識與技術是有待的，政治體制與社會運作也是有待的；今天天氣好一點，戶外的活動就比較自在一點。每一回碰上好天氣，剛好我都有課；沒有課的時候，卻下起雨來，球就打不成，所以戶外運動有待於天氣；天公不作美，就失去球場馳騁的美好，此跟列子差不多，有待於氣流風向。你要突破這一點，一定要有就算下雨天仍能有自在活動的空間，譬如看書聽音樂，或在室內打桌球；所以自己一定要有隨意揮灑的空間，此所以現代人工智慧要開出「元宇宙」的虛擬空間。

「無待」是從因果、條件串連的系列中超拔出來，解開束縛，你才得以自在；不然的話你一定落在有待中，要等我考上大學，通過博士學位，或等我選上市長，叱吒風雲，等到最後，人生歲月都已過去大半了。所以「大鵬怒飛」展現的就是講這個無待的境界。因為「南冥者，天池也」，天人合一了，「天地與我並生」了，「萬物與我為一」了，已經是「以遊無窮」了，還有什麼好等待的？沒有什麼好等待的，就可以展開逍遙自在的人間行程。

我自己在，我自己得

突破人物有限，超離人間複雜，「逍遙遊」是從存在處境的困局與人生行程的難關走過來的，是要有「心齋坐忘」的修養工夫，與「才全而德不形」的自在天真，「用心若鏡」，在鏡照中照現人間的美好，而打開真實生命的出路。一開篇就讀〈逍遙遊〉，那真的是不知人間艱苦。所以為什麼要先講〈養生主〉與〈人間世〉，因為那樣我們才知道原來道家不是不食人間煙火、不是天馬行空的哲學，它是一步一步走出來的。

「無待」是「無」掉條件的限制。既無條件，也就無限制；無限制，也就「無窮盡」。無待就是不再等待外在的條件了，就可以回歸生命自我的「自在自得」，我自己「在」，我自己「得」；「在」加上「得」就是「然」！「然」從自身而來，是謂「自然」。老子說的「道法自然」（二十五章），就從自在自得說自然。因為你的「在」跟「得」，都是從自身而來，所以你就無待於外；你若是「他在他得」，你就有待於外，有求於外在條件的支持；像列子有待於風。大鵬不也是要海上長風吹起，才能夠飛往南冥嗎？那不也是有待嗎？其實莊子一再告訴我們，那個天地自然之氣是瀰漫在天地之間，那是「被給與」而不用等待的；因為整個世界就等在那裡，欠缺的只是主體生命的大化，從成長到飛越的自在與自得的自然。

所以大鵬怒飛從修養工夫來說是有待的，有待什麼？有待於工夫修養；而無待在境界的開顯！工夫有待，境界無待啊！千萬不要說：大鵬怒飛還是要有待於「海運」，海上長風是天地自然之氣，永遠都在那裡；列子的「御風而行」，那是一種季節風，那不也是瀰漫在天地間的自然之氣嗎？你再精讀〈逍遙遊〉說大鵬的那幾段，就可以看出這個意思。所以重要的就是不要把「大鵬怒飛」跟「列子御風而行」，說成同一層次，大鵬一如列子，怒飛總要御風，實則大鵬怒飛是與天地同在，與六氣同行。而列子御風而行，就不免於「之二蟲又何知」的小家子氣了！

自在自得就是無待

哲學上有一個名詞叫「物之在其自己」，你讀牟宗三大師的書，他經常會用這個名詞，這在康德哲學叫「物自身」。物的在其自己，就是講物的自在自得。我說人生兩個重大的問題，一個是「在」，一個是「得」；「在」是存在，人要生、要活著，人的存在是最重大的；第二個，存在之後，再問那我存活一生「得」到了什麼？前一個是「在」，後一個是「得」的人生兩大問題。

「得」是從福報來說的，因為生命的「在」就在德行，活出天生本真，或活出人性本善；我們有存在的自覺之後，還希望「得」到福報。講「物之在其自己」或「物自身」，就是把我們的「存在」與我們的「得到」，都通過我自己、回歸我自己，這就叫「自在自得」或「無待」。你的人生千萬不要變成「他在他得」，否則你就會痛失自主權，你每天只能夠痴痴的等，那就是「有待」；有待就不能逍遙了。

「無待」的另外一個說法，叫「絕待」，「絕」待還是「無」待，就是我不要了，我也不等了，把人生的美好回歸「物之在其自己」，回歸我生命自身的真實，美好在這裡，無限的精神空間也在這裡，都在吾心的方寸之地，「吾心即宇宙，宇宙即吾心」嘛。這不只是陸象山這樣說，莊子早有這一理境的開顯。

心無何有，天地無限寬廣

這樣的一個逍遙境界，在〈逍遙遊〉的最後一段有如下描述：「無何有之鄉，廣莫之野。」我不是說過「逍」是解消嗎？解消就是「無」，無心無為存在時空就是「無何有之鄉」。遙是「廣莫之野」，廣闊無垠的天地，山林田野的鄉土。所以這兩句講的是逍跟遙。你心裡面「無何有」，沒有執著痴迷也沒有熱狂冷酷，你的精神空間就無限寬廣。我們心裡面若執著什麼東西，就形同「框架」；框架就是畫地自限，每一個人都成了自我禁閉的一座城堡，陷身在孤立中，「遊」的空間就此失落。

心的「無何有」，開顯的意境就是「廣莫之野」，人就可以「彷徨乎無為其側」，「彷徨」就是徜徉，「其側」說的是那棵大樹之側。莊子問惠施：你為什麼不把那棵生命的大樹，種在「無何有之鄉，廣莫之野」呢？然後你就可以徜徉其下也無為其側了（道家的無為就是無心而為）。底下又說：「逍遙乎寢臥其下」，還不只「無為其側」，你還可以寢臥在這一棵大樹的樹蔭之下，在某一個午後的黃昏寢臥其下，不就可以像莊周夢為蝴蝶，「栩栩然胡蝶也」，當下在花園中飛舞，有多好！

在無何有之鄉作蝴蝶夢

所以我在解「莊周夢為胡蝶」（〈齊物論〉末段）的時候，我把那個時空移到這裡來，在這樣的一個午後黃昏，莊子徜徉在大樹之側，再寢臥其下，而夢為蝴蝶；這樣才有詩情畫意嘛。台大教授王叔岷先生把「昔者」說是夜者的意思，為什麼不把那個時空移到這裡來呢？你就把〈齊物論〉的最後一段移到〈逍遙遊〉的最後一段，讓莊周在大樹下作蝴蝶夢，這不是人生的美好嗎？你在一個斗室裡面做的都是噩夢，在大自然的懷抱做的才會是美夢嘛。「無為其側，寢臥其下」，說的是遊；「無何有」是逍，「廣莫之野」是遙，你可以無為其側，人生一切放下，也許就躺在草地上，看看藍天白雲，誦讀詩詞，這就是「逍遙遊」。

這棵大樹種在「無何有」的國家公園裡，「不夭斤斧」，你不會害怕人家用柴刀斧頭來砍它，因為這裡是「無何有之鄉，廣莫之野」，沒有人會以「有用」的立場，把這棵大樹砍去當木材、做傢俱、甚至是支撐整座建築的棟樑，所以也不用擔心工匠的團隊會前來物色，用柴刀用斧頭來把它砍掉；「物無害者」，沒有物會來加害於它。「無所可用，安所困苦哉！」意謂「用」的所在，就是「困苦」的所在，「無所可用」，無掉世俗的用；「安所困苦」，那人生還會有什麼困苦。所以「至人無己，神人無功，聖人無名」，我們都受到功名的壓力跟傷害，現在你不要了，絕待、無待了，功名離你遠去，困苦就也離身而去，就可以在這個無條件也無限制，更無窮盡的天地裡面自在遨遊了。

原來，人生的起點，儒家是定在人禽之辨上，人是人，人不是飛禽走獸；而道家則定在天真與人為的超越區分上。大鵬怒飛是生命的自然成長與飛越，小麻雀在矮樹叢間來去，自以為「飛之至」，則反而成為畫地自限的人為造作了。大鵬不是形軀的大，不是權勢的大，而是心胸氣魄的大，與生命格局的大，只要無掉心知的執著與情識的陷溺，人生就可以走向成長與飛越之路，所以大鵬怒飛的主體境界，對每一個人的存在而言，皆可以通過人生的修行而達成獲致，套句孟子的話來說，「是不為也，非不能也。」儒道兩家的「道」，本來就在我們歷史文化中，同步並行。

第七章

無用之用的生命大用

「無用」不是無所可用，而是超離「人間世俗」的用，回歸每一個人「生命本身」的用。不管要將大葫蘆瓜做成酒壺或水瓢，你要讓那個大葫蘆瓜回歸它本身的用，不要人來主導，來決定它要用在哪裡，或有沒有存在的價值。它天生自然，它有權利活出它自己，這才是回歸天地間每一物之「生命本身」的用，人人皆有用，物物皆有用，才是真正的「大用」。

《老子》講無心無知、無為無欲，《莊子》講無己無功、無名無用，無用的說法較貼近世俗民間。在莊子的寓言裡，清楚明白地告訴我們，無用的用，才是生命本身的大用。

越過禮制，直問禮意

〈大宗師〉有一段寫三位道家性格的隱者、賢者人物子桑戶、孟子反、子琴張，他們三人之間結交為好友，已經把生死看開了；日後子桑戶過世，其他兩位道友就在他身邊編曲、鼓琴，「相和而歌」。孔夫子的人文關懷，直覺認定道家人物不大能處理治喪事宜，特別派得意弟子子貢前去協助；子貢看到他們編曲、鼓琴、相和而歌，就直接質疑說：「臨尸而歌，禮乎？」朋友過世還沒有下葬，你們兩位還在這邊唱歌，合乎禮嗎？這是代表儒家對道家行誼的責難，沒想到這兩個人老神在在，反而批判子貢：「是惡知禮意！」閣下如斯說，恐怕不知禮的本意吧！

我們可以通過文化的三層次來理解「是惡知禮意」這個問題。第一個層次是「器物層」，第二個層次是「制度層」，最高的層次是文化心靈的「理念層」。這也就是現代科學界域的三分——自然科學、社會科學、人文學門，自然科學研究器物，社會科學研究制度，人文學門研究理念。所以我們有時候又說是人文價值、政經制度、科技器物等三層。當子貢質疑這兩位道家人物：「臨尸而歌，禮乎？」他是站在社會制度這一層發問。他們兩位的回應卻是：你問的層次太小看我們了。這就有一點像〈養生主〉所說：「臣之所好者道也，進乎技矣！」你怎麼還用制度層面來評量我們呢？未免太不瞭解也太不尊重我們了，所以批判子貢「是惡知禮意」。從制度層往理念層提升，如同從技藝往道的層次提升一樣的意涵。

子貢很有挫折感，本來是滿懷善意，沒想到會碰壁而回，就回頭跟孔子報告，並請問孔夫子：「彼何人者也？」他們到底是哪一道上的人物？道家思想好像超乎子貢的理解之外，因為子貢是儒門的十大弟子之一（四科十哲中的言語科是宰我、子貢），他「聞一以知二」，雖然不如顏回的「聞一以知十」，還是孔門弟子中的佼佼者，是儒家代表性的人物之一。子貢一時不能接受，請教孔子：「修行無有，而外其形骸，臨尸而歌，顏色不變，無以命之，彼何人者也？」這裡的「命之」說的是「名之」，名號代表一個人的價值內涵。子貢就是對道家人物的內在價值世界不能理解，所以問了兩回：「彼何人者也？」

顯然子貢是以儒門的價值世界來對看這兩位人物，當然無法理解；因為他們不在儒家的那套世界觀、價值觀裡面，所以有如活在不同時空之下的人。他從孔子那邊學來的世界觀、價值觀，好像難以合理的解釋這兩位道家賢者的行誼；朋友過世，還沒有入土為安，竟然可以「臨尸而歌」，在那邊編曲，在那邊彈琴，還在那邊和聲唱歌。從這一點我們可以理解外篇〈至樂〉篇寫莊子妻死，他鼓盆而歌的記載，假如連他的好友惠施都當面責難說太過分了，而惠施是講「合同異」的名家，講到最後，說「天地一體，泛愛萬物」，尚且不能接受，何況是儒家者流！惠施認為莊周你就算是不傷痛，也就罷了，怎麼還「鼓盆而歌」呢？這不是太「酷」了嗎？以今天的話語來說就是太酷了嘛，把真情真相冰封凍結，看起來有點冷，反而顯現不在乎的魅力就說是「酷」，這連惠施都無法接受，何況是講倫理親情的儒家人物！何況是孔門代表性的弟子！

「修行無有」，無掉的是制度

不過這個地方很特別喔，子貢說不瞭解他們是何方神聖，是何等人物，但是他怎麼會說眼前這兩位是「修行無有」呢？這是很高明的話，應該留給孔夫子去說才對，怎麼讓子貢說出來了呢？我覺得這段寓言的鋪陳進展，最精采的一句話就是「修行無有」；是不是莊子不喜歡把人生重大義理都給當老師的孔夫子說？是不是也應該留給學生一點創意空間呢？所以在〈大宗師〉講「坐忘」工夫的那一段，他讓顏回比孔子還孔子，這一段他也讓子貢把道家人物的內在精神說了出來。

假定如我們所想，子貢又怎麼會問：「彼何人者也？」所以比較曲折的說法是：「修行無有」這句話，在子貢的理解，恐怕只是制度層的問題，所謂的「無有」只是無掉制度層的拘束而已，在子貢理解的層次，就說他們把那個禮制無掉了。這些道家人物的修行表現在「無」掉世俗民間的「有」——無掉儒家所認定之人生倫理綱常的「有」；就是我不接受你儒家的禮教、禮制，所以我是「隱者」。

隱者就是從儒家的價值規範中隱退，隱者不是光從人間街頭隱退的人，不然「小隱隱於市，大隱隱於朝」就不能解釋了。為什麼我們在東門町隱居？東門町不是鬧區嗎？你怎麼在那邊隱居？因為所謂的隱是心靈的隱退，又不是要退出人間。道家人物退出儒家依三代以來的傳統而開發出來的那套世界觀、價值觀，所以「修行」就在無掉儒家價值觀的「有」。

無掉禮制束縛，也無掉形體拘限

儒家肯定的生命尊嚴、榮耀，所謂的人格、人品，人文常道、人間倫理，道家人物判定是可道可名，而且還「外其形骸」——把形骸放開。因為生老病死是形骸的事情，不是真君的事情，所以他就不會傷感、不會悲泣。因為整個價值觀不一樣，他才認定你儒家這一套太形式化太僵化了；就像莊子的妻子死了，他也沒有呼天搶地大哭一場，因為他覺得人死了就是回到大自然的老家嘛。所以「修行無有」，一方面講的是人間的禮制，一方面又是指人物的形骸軀體，所以又說「外其形骸」。

不過子貢所理解的「無有」，只到制度的層次而已，所以我認為莊子把「修行無有」這句話讓子貢來講，會讓整個寓言故事的發展產生一點難題，就是子貢既然很高明，很瞭解道家人物的思想，他就不可能問「彼何人者也？」，「無有」不是僅無掉禮制的束縛，也把形軀的存在排除在心知執著之外，此「無有」直可與〈人間世〉之「心齋」工夫相提並論。

孔子指點顏回的關鍵在「有而為之，其易邪？」，直接對顏回說你最大的難題就在你一直想要「有」，而心的「有」永遠是負累與障隔，所以「心齋」工夫就在「虛而待物」，因為「唯道集虛」，所以連「有」都要「無」掉，都要解消，此所以〈逍遙遊〉要在「無何有之鄉」的「廣莫之野」展開。

救人是災人

我會說這句話的層次很高，是因為〈人間世〉裡面顏回跟孔子的一段對話。顏回不是要去救衛國的危難嗎？孔子就跟他說：你想去救人的念頭根本就扮演「菑人」的角色，你到了衛國還沒有展開任何行動，就已經得罪了衛國君臣上下了，因為你認定衛國上下才學志氣都不行，要由一個外來人來救他們；那你到衛國的救人行動實質上已經否定了衛國君臣上下的才能氣魄，所以孔子斷言顏回此去大概很難全身而退了。

而且孔子還問顏回：「若必有以也。」你一定有所憑藉才會想去衛國救人？顏回一會兒提「端而虛，勉而一」，一會兒又說「我內直而外曲，成而上比」，對治之道都說我如何又如何，就是沒有照顧到衛國君臣上下的感受！

此孔子總結一句話：「有而為之，其易邪？」你老是想你自己「有」什麼，就是沒有想到他們要的是什麼？顏回被逼問，只得說：「吾無以進矣」，我再也想不出什麼上上之策了。因為孔子一直否定他拯救衛國危難的主體憑藉，他一再的說，孔子都說不行，因為都在衛國上下的存在感受之外，不會有真切的感應。最後只好說：「敢問其方？」就請老師教導指引吧！

問題不在「有什麼」，而在「有」的本身

人生所有的正面，在道家的思考都會在心知執著與人為造作之下，扭曲變質而逼出自己的反面；除非你能夠克服那個反面，而走向更高的正面，就是辯證法的「合」；不然的話都會適得其反，就像你原初的善意，反成了「愛之適足以害之」；所以要克服它帶出來的後遺症與副作用，才能修成正果；因為很多的「正」都帶出它的「反」，愛人是害人、救人是災人。

顏回再也提不出任何更高明的策略，所以說「吾無以進矣」——吾之技窮矣。底下孔子才說：「有而為之，其易邪？」孔子的意思是，當顏回一套一套提出來的時候，他一直想要「進」，一直找更高明、更有效的救人策略；孔子給出的回答竟是：問題就出在你一直想要「有」出你自己的策略，這就是「有心有為」。

所以問題不在你「有」的是什麼，而是在「有」的本身，你是「有」而不是「無」啊。原來道家的「無」就藏在這句話的後面，「有心有為」就是你「師心」啊，你把你的心當老師，你把你心知的執著轉成最高的價值標準與最後的指導原則，你一直認為我心總要想出一套可以救天下的良方，所以你是「師心好名者也」。

想救人是師心好名

「好名者也」，說的是顏回是孔門大弟子，有如出身醫學院且名列第一，醫學院第一名不是要救人嗎？不是要救天下嗎？不然的話，還叫顏回嗎？但是孔子擔心他「顏不回」啊！孔門大弟子一定要救人嘛，這叫「醫門多疾」——醫門一定很多前來等待救治的人嘛；天下的病痛豈不是儒門要去救的嗎？那我是儒門大弟子，衛國有危難，我能夠不去嗎？這就叫「好名者也」，因為你覺得你既擁有那個「名」，你就應該做到那個「實」，就像堯、舜、禹是聖王，天下有一些小國還沒有接受聖王的教化，那我還叫堯舜嗎？還叫聖王嗎？所以派兵去攻打三小國，這叫「好名者也」。

有時候我們為了完成自己，是以別人作為祭品的——像我這麼有愛心的人，你怎麼可以不接受我的愛呢？因為「我這麼有愛心的人」是名，那這個「名」一定要有「實」來支撐，才能「名實相副」啊。我是孔門大弟子，我怎麼可以不救衛國的危難呢？那你怎麼救？用自己心裡面想好的那一套去救，這叫「師心好名者也」。這個就是「有心」，這個就是「有為」，所以才會「無以進」，因為他一直在想：我要有什麼、憑藉什麼？一直在「有」的層次思考。

孔子一語點出癥結所在：問題不在你「有」的是什麼，還要在那邊比較，哪一個比較能對治難題？哪一個比較簡易高明？什麼策略比較出人意表？我好有效出擊。整個關鍵就在你一直在「有」出自己，而跟你想要救的人根本不相干。「有而為之，其易邪？」「有而為之」，不僅救不了人，反倒成了災人。原來生成原理在「無」了自己，才能「有」出天下人。

逼顯「無」的智慧

所以通過這段對話，才能深深的體悟到「修行無有」（〈大宗師〉）的大道理。原來道家的修行，就在把自身的「有」無掉。〈人間世〉「有而為之，其易邪？」可與〈大宗師〉「修行無有」對照求解，因為〈人間世〉只有點出問題，原來答案就在〈大宗師〉。問題是這句話讓子貢說出來，似乎讓那分奧義差了一點，因為他的「無有」只是在禮法的制度層，莊子在〈人間世〉講的應該是在心靈理念層；所以我會覺得這句話說得真好，但是為什麼不是請孔子說出來，而是讓子貢來說呢？原因在此。原來這個是後世讀莊者的問題，而不是莊周的問題啊！問題在，我們不只是莊子的追隨者，我們也可以做莊子，開發莊子的奧義，不是僅停留在詮釋而已。我們在開發莊子義理的路上，已加進了我們這一世代的智慧，用我們的生命體會來回應莊子。

再回到子貢講「修行無有」，說的是遊於方之外的高人，擺脫了禮制的束縛。所以所謂的隱退，僅是從儒家的世界觀、價值觀隱退；別誤以為他們不要人間，不在人間做人了；他們只是不做儒家式的人而已。所以像子貢這麼聰明的人，都要問：「彼何人者也？」那麼孔子怎麼回答這個問題？他說：「彼遊方之外者也，而丘遊方之內者也。」孔夫子說自己是遊「方之內」的人，而他們是遊「方之外」的人。這個「方」顯然指涉的是禮制禮教，所以價值標準的「方」是定在儒家的價值標準，因為儒家主導內聖外王的價值觀，「方之內」就在擔負起治國平天下的大業。我們是「方之內」，他們是「方之外」，這個「外」就是「外其形骸」的「外」，也就是「修行無有」的「無」。意思是說：他們道家人物是超離在我們的人間禮制之外，超離在我們儒家的倫常軌道之外。所以底下接著說：「外內不相及」，「不相及」是不相干，沒有交集，你有你的世界，我有我的世界；街頭是同一個，世界是同一個，但是不同的文化心靈，不同的價值取向，等於活在兩個不同的世界。

儒教之外，給出道家的空間

基督信仰與佛教修行是跟儒家完全不同的生命進路與文化心靈，兩大教是不同的世界觀、價值觀。假定你是基督徒，你就覺得佛教徒是「方之外」，自己是「方之內」；就佛門來說，他們是「方之內」，而基督徒是「方之外」。那就台北觀點說我們是「方之內」，北京是「方之外」；但從北京觀點看，他們自己是「方之內」，台北才是「方之外」。這只是看你的「方」定在哪裡，他們的「方」還在無產階級專政的馬列主義，我們的「方」在哪裡？本來說的是三民主義統一中國，現在走的是自由人權與民主法治的路吧！想當初他們批孔，我們復興中華文化；現在他們說中國特色，我們卻「去中國化」：兩岸對等，卻總是相反。不過，我們是中華民國，他們是中華人民共和國，讓人感傷的是，兩岸都壯大起來了，也走向尖端，真的有那麼大的距離，而難以相知共處嗎？所以人生很難說的，就看你怎麼回應時代的變化，看你有沒有一顆開放且靈動、能應變又不斷追尋成長的心靈？

這一大段是孔子跟學生的對話，所以說孟子反、子琴張是遊於「方之外」，我們是遊於「方之內」；實則，道家人物也有他們自成一家的「方」，有他們究極的「道」。就道家自身的「方」而言，他們才是「方之內」，儒門人物反倒是「方之外」了。只是寓言主角人物是孔門師徒，「方」指涉的是儒門教義。用儒門的「方」來思考隱者人物，道家已經在「方之外」了。所以孔子說：「丘使女往弔之，丘則陋矣。」我要你過去，本身就是一個有欠考慮的錯誤決定。

這對儒家來說是很大的退讓，當然要退讓，因為這是在莊子的書中互看彼此；假定是孟子書的話，不引來一頓責難那才意外。莊子安排孔子退讓，讓孔子承認，原來在儒家之外另外還有一個家派叫道家。假定我們來寫，就像我們希望北京承認在北京之外還有另一個對等的台北一樣。所以顯然這一段是道家「獨派」的思想，它讓「統派」退讓，給獨派一個地位。就是說道家自有一片天空，一片天地，這個世界不光是儒家的，它特地安排孔子講出來：「丘則陋矣。」唉，這實在是太委屈孔夫子了！

天生勞累人，是老天爺加在身上的桎梏

底下又通過孔子說道家人物的行誼是：「與造物者為友，而遊乎天地之一氣。」他們跟天地同遊，從人間隱退，回歸自然天地；他們在天地間逍遙遊，而不在人間世依循人間禮法過此生，所以〈逍遙遊〉說：「逍遙乎寢臥其下，彷徨乎無為其側。」濃縮而成「逍遙乎無為之業」，「業」有點「志業」的意涵，是屬於道家的志業。逍遙就是你要「修行無有」，你要把那個「有」放下來，你才會進到一個「無」的新天地，你的人生旅程才會開顯「逍遙遊」的新境界。

孔子如斯說，幾乎毫無保留的肯定道家方外高人的行誼，子貢在困惑不解中，逼

出一句：「然則夫子何方之依？」你如此推崇方之外的行誼，那我們師生一路走來算什麼呢？這一段的精采處在孔子說自己：「丘，天之戮民也！」——我是天生的勞累人。我們把它換成現代的語言，就是：我是天生的苦命人。但是這樣說好像有點哀怨，以孔子圓融的生命境界來說，是不大可能出現哀怨的心情波動。「天」是天生的；他是來承擔的，來擔當大任的，就儒家說這是「天命」在我。就道家而言，天生的勞累人是為「天刑」，「天刑之，安可解？」（〈德充符〉）這是老天爺加在我身上的刑具，誰能夠解開呢？

而這是叔山無趾跟老聃的對話中逼出來的話。本來兩個人說：我們去救孔夫子吧，後來想一想，天下有誰可以救孔夫子呢？這恐怕是人間最大的笑話，就是你想去救孔子，孔子是人文化成的萬世師表，叔山無趾跟老聃竟然異想天開，說我們兩個人一起去把孔子從想要救人救世的桎梏中解救出來；問題是孔子天生就是這樣的人啊，他想救天下人是發自他人性自身的覺醒，這才是孔子的真生命，你救得了他嗎？

你要救他等同不讓他做他自己，等於抹煞孔子，你要通過〈大宗師〉的「天之戮民也」來解釋，才會理解「天刑之」與「天之戮民也」的意涵。那是天生自然與人間擔負的合一與和解，人間擔負的「刑」，被天生自然的「天」化掉了。不是「安可解」，根本是「何須解」！既然說「安可解」，所以天下人沒有人可以解，孔子當然也不會自己解，因為他就是孔子自身啊！

孔門師生共遊方之內

底下孔夫子又跟子貢說：「雖然，吾與汝共之。」雖然如此──指的是投身在人間的體制規範之中，而重責大任在身，當然是勞累；雖然勞累我們師生兩個還是「共之」。「共之」說的是，儘管人間責任如此重大勞累，《論語》不是說「任重而道遠」嗎？「死而後已」嗎？我們兩個人還是「共之」。這個「之」當然是指「方之內」，但其中有一個很重要的詞語你不能夠省略：「共『遊』之」！這樣意思才顯豁出來，我們就「遊」於人間「任重而道遠」的擔當與「死而後已」的勞累裡面；一樣的遊於其中！孔子師生是「遊方之內者也」，而彼等道家人物是「遊方之外者也」，雖然「外內不相及」，但是「內外皆可遊」，重點在此。

儘管在道家〈大宗師〉「有真人而後有真知」的自然天地中，仍然要還給儒家一片人文的天地，不是光方外是遊，人家方內也是遊。而且以我們的儒教傳統，遊於「方之內」比遊於「方之外」還更高明。王弼、郭象都這樣解，一個注老子，一個注莊子，他們仍然認為孔子的境界超過老莊；問題是他們認為孔子的根本在老子，孔子為什麼這麼高明？因為他有老子的心。哇！這個實在是波譎雲詭，奇峰突起！最高境界給了孔子，突然間又說：孔子為什麼這麼孔子？因為他有老子！那到底在尊崇誰啊？此之謂「陽尊儒聖，陰崇老莊」，原來魏晉真正尊崇的是老子，這叫「魏晉新道家」，原來哲學家的心靈還是千迴百轉的。

「吾與汝共之」——應是「吾與汝共遊之」，不是光「之」是方內的問題，最重要的就是我們師生倆就在方之內遊吧！這是人生最重大的考驗，在煩惱中沒有煩惱，在生死中沒有生死，這叫「煩惱即菩提，生死即涅槃」啊；唐末禪宗不是講這個意思嗎？所以我們不要為孔子跟子貢擔心：他們面對遊方之外的人，會不會動搖了在人間擔當奔走勞累的心呢？那當然不會，孔子還是孔子，子貢還是子貢，師生兩個共遊此方之內；苦難中沒有苦難，勞累中沒有勞累，這叫「修行無有」，把「有」的勞累，「有」拖帶而出的那個受不了的「重」都「無」掉，重也不再那麼重了，累也不再那麼累了，因為你通過修行把它化掉了啊。

所以儘管本質上，擔當就有勞累，責任帶來壓力，但是你可以修行，把壓力化掉啊。這樣，反面就被我們解消，你就可以天長地久在人間承擔治國平天下的重任了；不然的話，沒有人不逃的。你老想逃，但是莊子又告訴你「無所逃」，所以人生的苦難就是你想逃；那麼怎麼樣可以做到不必逃呢？就是「修行無有」啊。

道家隱者遊於方之外

唸這一段有一點像我們唸《論語》裡面儒門跟隱者的對話，一樣的感動；〈微子篇〉有一章是子路碰到以杖荷篠的丈人，子路問曰：「子見夫子乎？」丈人曰：「四體不勤，五穀不分，孰為夫子？」植其杖而芸。這位老先生是隱者人物，隱姓埋名，在田園耕作，子路請問有看到孔夫子嗎？他不直接回答，反而批判了孔夫子，四體不勞動，五穀分不清，誰有資格被尊稱為夫子。子路知道碰上高人了，儘管丈人把手杖插在地面上自顧自除草去了，子路還是很尊敬的站立一旁。丈人看子路對自己心存敬意，也就以人間的禮，止子路宿，殺雞為黍來接待子路，還叫兩個兒子出來行禮相見。子路第二天趕路追上孔子的車隊，把碰到一位隱居高人的經過跟孔子報告，孔子立即判定說：「是隱者也。」意思就是他是一個賢者，隱藏在草野中的高人；叫子路趕快回去表達孔子的問候之意，因為孔子有一點錯過賢者的惆悵。子路立即回程，不過他到達的時候屋裡已經空無一人了，他知道這一家人一定隱藏在樹林深處，所以子路就對著山林田野演講，大聲說道：「君子之仕也，行其義也；道之不行，已知之矣！」我們在人間做人，總要盡生而為人的責任，你怎麼可以逃開在人間做人行所當行的「義」呢？

在莊子這一寓言裡面，是通過孔子說出來。所以你好好去唸《論語》那一段，再唸《莊子》這一段，你就會覺得莊子是真正把孔子「任重而道遠」的精神凸顯了出來，他通過道家人物把孔子襯托出來：「吾與汝共之」是「共遊之」，重點好像落在「之」，在「方內」，實則在「遊」。你有你的世界，我有我的世界，但是有一點是一樣的，我們都心遊其中！道家的遊，儒家的遊，儘管「外內不相及」，看似雙方生命沒有交集，重點在外內皆可遊。這樣才會還給兩家各自一片天地，不要因為講儒家「士志於道」的救世精神，而讓道家失落了「道法自然」的自在空間！那豈不是掉落在〈齊物論〉所說的儒墨是非的陷阱嗎？海峽兩岸，體制不同，互為方內方外，可別忘了老祖宗的智慧，方內方外皆可遊噢！

重心在「道」，不在「坐」

原來你有你的世界，我有我的世界；你的世界可遊，我的世界也可遊。所以底下講：「魚相忘於江湖，人相忘於道術。」怎麼可能遊呢？「相忘」啊！怎麼可能兩家各有一片天地，而方內、方外皆一樣可遊呢？因為「相忘於道術」啊！魚在水中相遇，叫「魚相造乎水」，那人呢？「人相造乎道」，我們在道中相遇，道就是人生的路啊。「魚相造乎水」要怎麼樣？要「穿池而養給」。在水中穿梭來去，水中的養分就已完足。那麼「人相造乎道」呢？要大家「無事而生定」。你不要為我做什麼，我也不要為你做什麼，每一個人的生命自身都完足無缺，這就是老子在「無為」中而可以「無不為」的生成智慧。

「穿池而養給」就在「無為而無不為」的道常中，天道給出一切，天地給出一切；所以魚游在水中，「穿池而養給」；人立身在人間，「無事而生定」。既然這樣，那人生請「相忘」吧，「魚相忘於江湖，人相忘於道術。」魚就可以在江水湖水中相忘；那人就在人間的每一角落「相忘於道術」，讓每一家都有一個跟天道相感通的管道，有基督的，有佛陀的，有道家的，有儒門的，還有真主的。宗教信仰開拓出下學上達、天人合一的通道，這叫「道術」；「術」就是天人之間的通路。因為光講道，道下不來，人也上不去，所以一定要講「道術」。所以「術」不見得就是不好的意思，它是一個引道。各大教都各有一套回歸天道或引天道下人間的管道，這就叫「道術」；儒家有儒家的，道家有道家的，那我們就可以相忘啊。

所以我說重點不在「忘」，重點在「道」啊。我們講「坐忘」，憑什麼可以坐忘？因為道就在你的身上，你才可以坐忘啊。我們為什麼「坐馳」？因為道還沒有臨現人間啊；道未臨現，人雖坐猶馳，人坐在這裡沒有什麼用的。不是說我坐在這裡就可以安，你是安不住的，因為道不在啊，這就是「雖坐猶馳」。憑什麼我們可以「坐忘」？為什麼當下可以忘了一切？因為一切已在當下，道已開顯，道已臨現。當道臨現人間的時候，一切可以放下，因為最高的理想就在此，最高的「極」也就是最後的「終」，你可以放下一切，一生在這一終極理想之地安身立命，不必再人海漂泊了。所以重點在「道」，不在坐喔。

吾心自有光明月

人生總在尋求「坐忘」工夫，如同不立文字直指本心的頓悟，那是因為你有本心在那裡生發作用啊；王陽明的詩篇：「吾心自有光明月，千古團圓本無缺；山河大地擁清輝，賞月何必中秋節！」中秋節一年一度，我們三百六十五天，天天都有明月在懷。不用等中秋節再賞月，這不是無待的逍遙嗎？無待也就坐忘，當下忘了一切，憑什麼當下忘了一切？因為一切已在當下開顯，就是剎那也可以是永恆啊。永恆在哪裡？就在道的開顯！「剎那中的永恆」，重點不在剎那，而在永恆。因為剎那本來是生滅無常，但是在永恆的常道之下，生滅就不見了。

人生存在的每一分每一秒都是剎那，而每一分每一秒的剎那都是短暫的，都是一去不回頭的，你心裡沒有一個永恆的常道在那裡的話，那隨時都在變動與失落中；因為人生的每一個剎那都是片段，都是斷裂，都是不連續的，所以我們要有「道」的常，來繫住斷裂的片斷，而成了常住的永恆。

樹因無所用而成其大

〈人間世〉篇講到匠石跟弟子一起到齊國去，路上看到櫟社樹；什麼叫「櫟社樹」？就是櫟樹而成了神社，因為那棵櫟樹「其大蔽數千牛」，幾千頭牛都可以隱蔽在它的樹蔭下；「觀者如市」，好像變成一個重大景點，像澎湖馬公媽祖廟前的大榕樹一樣。那棵櫟樹很大，所以引來神社寄身於此。但是「匠伯不顧」，木匠的頭子看都不看；弟子不解，問師父不是帶我們到處找可用的木材嗎？怎麼這樣一棵大樹立身當前，卻視若無睹呢？匠石回答說：我只要看它長那麼大，就知道它是無用的；因為它有用的話，就不可能長那麼大。你拿它做船，就會沉下去；做棺槨，很快就腐朽；做器皿，三兩天就壞了；做門戶，它還會滲出液體，好像柱子在流汗；做棟樑，它會長蠹蟲；這叫「不材之木」，只因為無用，才可能長成那麼大。

這個工匠領袖名號稱為石，不知是否藏有其心如石的意涵，他回去以後，夜晚入睡，櫟社土神就來託夢了，責問：兄弟，你白天說什麼話啊？當下把匠石嚇個半死。我長得這麼大，是因為我的修行喔：「予求無所可用久矣」，這個「求」字，孟子講德行是「求則得之」，這樹也一樣，「求」的主體在「心」，所「求」是讓自家無所可用，長久以來不知下了多少工夫，日積月累，「乃今得之」，「乃今」是「於今」，「得之」是生命得到了釋放，所以「無所可用」是求來的，那是自我的修行。因為「修行無有」，所以把自家的用無掉。前頭講「無有」，接著說「無用」。走在人間街頭，第一個面對的就是有沒有用的問題，所有的「有」都指向「有沒有用」，有心、有知、有為，落實到人生日常，所有的「有」都轉成「有沒有用」，匯結處在「用」。你要對眾生說法一定要落實在家常日用，這是莊子有進於老子的地方。老子看重政治哲學，所以用心在「為」；莊子開發人生智慧，所以重心在「用」。

無掉小用，成全大用

櫟社樹說：無用是我求來的，你把我看成誰了？這可是千年功力哪。「予求無所可用久矣，幾死！」我在求取無所可用的過程中幾乎死掉。人生在修行的路上是步步危機的，所以才要有「護法」，因為你在修行的時候是不設防的。「乃今得之，為予大用也」——到了今天我才修成正果，我已經無掉世俗的用，成全了我自家生命本身的大用。假定我一直很有用，我能夠活到今天嗎？你老兄在說風涼話嘛。所以我的無用不是「無路用」喔，「無用」是無掉世俗之用的價值標準，把它解消掉，我才不會被人間的有用之用綁住，而回歸我自家生命本身的用，你怎麼會把我看成是無所可用的一棵大樹呢？這可是辛苦修來的成果！

所以無用的「用」就是我生命本身的大用，無掉了世俗、街頭的「用」，你自家的「用」才會豁顯，人間太多的人都在世俗街頭的「用」底下被淹沒，迷失在流行、時髦、新潮的十字路口，隨波逐浪而去；所以一定要無掉世俗街頭的小用，還歸自家生命的大用。

此大用與小用的二分，如同孟子大體與小體的分別，大小是從價值來說的。大用就是把自己活出來，是自我的追尋與自我的完成。老子所說的「常道」，當理解為「人人走出自己想要走出來的人生道路」；所謂的「常名」，也當理解為「讓每一個人活出自己想要擁有的生命內涵」。「常道」不是抹煞每一個人的個性，貶抑每一個人的存在，不似在人間之名利權勢高高在上的「道」，那只是可道的「道」，「心知執著」加上「人為造作」的「可道」，而不是「道法自然」的「常道」。

散人是流落的散，散木是修行的散

櫟社樹提出嚴重的抗議，說無用是修行得來的，並說出重話：你說我是物，那你也是物，理應相互尊重，彼此賞識；你說我是無用的「散木」，我看你才是「幾死的散人」，又怎能照現我這棵修行求得的散木呢？哇，這句話實在說得太直白了，暴露了隱藏幾十年的自己，說閣下是「幾死的散人，焉知散木？」「幾死的散人」就是「天涯流落人」，匠石老大果真是道地的天涯流落人，爬完這個山頭，又登上另一個山頭，到處找木頭，說你是幾死的散人，就是在人間流落的人，而我這棵散木可是修成正果的散喔，這個散是「散仙」的散，無心自在有如神仙般的「散」。所以我們平時所說的嬰兒是稚真的嬰兒，老子的「復歸於嬰兒」則是修行的嬰兒。說匠石是散人，是散開的散，「流落的散」；說櫟社樹是散木，則是超離的散——因為它是無掉世俗之用，此無所可用是「修行的散」。

「流落的散」與「修行的散」是處在完全不同的層次，就像山野村夫跟陶淵明是不同層次的人，但是你從生活形態來看都一樣，都很散，每天都在山間小路或田間小道走來走去；山野村夫是「愚公移山」，而陶淵明則是「悠然見南山」。境界差那麼遠，山野村夫老是開推土機，一座山又一座山的把它鏟平；陶淵明卻一眼看到山的悠然自在，那可是氣化世界中多餘的光采，就在那個當下，完全朗現，此「多餘的光采」從無心、無知、無為加上無用的虛靜心觀照而開顯，在實用心、認知心與德性心之外多出來的閒情給出美感品味的餘地空間。也就是詩人李涉所說的「偷得浮生半日閒」，與理學家程明道的詩句「將謂偷閒學少年」。兩「偷得」就是心中的閒情所給出的多餘的光采。這是莊子「虛而待物」與「唯道集虛」所開顯的理境。美感在那裡朗現，道就在那裡開顯；陶淵明「采菊東籬下，悠然見南山」的美感品味之所以可能，因為他心中有道，而山野村夫心中卻少了道的體悟。

現代人想隱居，都想蓋一座山莊別墅，實則根本不是什麼地方的問題，而是你的心中有沒有「道」的問題。社區營造，心中有道嗎？不是光有那個鋼骨大廈，不是光有城堡別墅啊；營造要有道家的心靈，因為道就在吾心虛靜的當下臨現人間。吾心虛靜，南山悠然！所以隱者隱居的散，是修行的散，可不是流落的散喔。

寄身神社，好讓天下人來詬病

所以櫟社樹罵匠石是「幾死之散人」，我看你是沒有幾天好活的人了；我可是千年修行而修成正果的喔。匠伯實在不該講出欠缺同情瞭解的話，而且「匠伯不顧」，看都不看也就罷了，還講那些背後傷人的閒話，說它是無用的「不材之木」。匠石夢醒之後，就要解夢。解夢是要從夢境預估未來的吉凶禍福；就好像我們去廟裡求籤，找籤條請廟祝幫我們解讀一樣。

匠伯要「診其夢」，大家在那邊會診，到底櫟社樹是什麼意思？怎麼老師做了這個被抗議兼警告的噩夢？其中有一位弟子就質疑：櫟社樹說它的修行求取而得的是讓自己無用，那它為什麼還寄身在神社之上呢？神社是很莊嚴、很靈驗的，它那麼神怎麼可以說是無所可用呢？前人不是說「小隱隱於野，大隱隱於朝」嗎？寄身神社頗有隱於朝的味道。弟子的質疑是很有道理的：你不是求無所可用嗎？怎麼會寄身在神社，讓自己既高貴又靈驗呢？哇，這位工匠師父大概嚇壞了，趕緊說：「給我閉嘴！不然晚上它老兄又來了！」他怕這個夢永遠做不完，因為已經是「幾死之散人」了，再來一回的話，恐怕會把「幾」改成「已」，那就更嚴重了。這一番折騰，匠伯突然間有一點體悟，最後說了一句很有智慧的話：「它只是把自己寄身在神社，好讓那些不瞭解自己的人來罵自己啊。」

所以有時候讓別人誤解也是一個很好的自我保護的方式，那是一個隱藏自己的妙方。金庸在《笑傲江湖》的那部武俠小說裡，寫衡山派的二當家劉正風要退出江湖，他讓自己變得很庸俗，還用錢去買一個官做，而後每天跟那些做官的人混在一起，讓江湖上的英雄好漢看不起他，再宣布急流勇退；但是嵩山派掌門左冷禪胸懷一統天下的野心，要組成五嶽劍派，所以不答應，展開了一場江湖追殺流血的悲劇。劉正風就是讓那些不瞭解自己的人來詬病自己，「詬厲」，「厲」就是惡疾，就是說這個人無藥可救了，這樣人家就看不起你，這是自我保護最好的方式。所以櫟社樹為什麼要寄身神社？就好像江湖俠客跟官府往來一樣，「以為不知己者詬厲也」，讓一些不瞭解自己心胸氣度的人看不起自己，這樣我豈不是可以超離在江湖恩怨與人間是非之外了嗎？

從世俗的散，進為修養的散

底下匠石又說：「不為社者，其幾有剪乎？」你以為它不寄身在神社，就會被砍伐嗎？其實它不是託庇在神社喔，它的背後是靠修行，它修成正果了，神社才過來依附成立的；是神社寄身在櫟樹，而不是它寄身在神社。古人說：「天不生仲尼，萬古如長夜。」沒有孔子，天道會失去它照亮人間的生成作用。這是我們千年人文傳統開發出來的智慧，所以說是「人文教」，是「人能弘道，非道弘人」，不見得我們要託庇於天道，是天道要通過人文化成來顯現它的美善，所以道修行有成才是人物活在人間最莊嚴的人格挺立。「不為社者，其幾有翦乎？」這句話真的是匠伯的大徹大悟，原來人的大徹大悟還要有人來託夢逼問才行。先說「而幾死之散人」，哇，這是生命很大的衝擊，人生在沒有退路的時候才會有生路，這叫「存在的邊緣」；存在的邊緣就是悟道的契機，「行到水窮處」，逼出了「坐看雲起時」，沒有行到水窮處，就會錯過雲起時的翻轉機緣。

匠伯一生流落漂泊，最後算是大徹大悟了，是誰逼出來的？櫟社樹啊。所以不是因為它寄身在神社它才長久，而是因為它長久，神社才前來寄身在櫟社樹之上的；所以它是「修行無有」，它可以長久，它就是「大老」——長得很高大，而且年齡很老，也可以躋身在「神木」之列。它是神木，所以才有神社。這一段櫟社樹的寓言很精采，幾番轉折出乎意表，很有啟發性。悟道的過程，端在化危機而為轉機；問題在危機也是轉機，要靠什麼來轉？靠「心」來轉的修行，不是靠運氣，不是靠天上掉下來的奇幻之旅。

所以民間鄉土會說「做人散散尚好」，是第二序的散喔，就像「散仙」一樣；千萬不要在第一序就散開不見了，那個叫「流落天涯」。所以第一序的散叫流浪漢，戶口名簿釘在電線桿，每天大喊「乎乾啦」；倘若每天茶道喫茶，那是第二序！我在說我自己。流浪到淡水「乎乾啦」（指金門王與李炳輝的歌曲），是第一序；但是它會觸動我們的第二序，我們聽到的是第一序，但是觸動的是第二序，這才是會聽歌的人。我從南投「鐳力阿」（天帝教的修行基地）回台北，一路上都聽這首歌，讓我一路與道同行。

拙於用大被困住，善巧運用是大用

〈逍遙遊〉又有另一個大葫蘆瓜的寓言故事。魏王送給惠施「大瓠之種」，惠施把它栽種長成，結的果實果然很大，有五石那麼大，想要把它當酒壺，像八仙中很會喝酒的老大李鐵拐一樣，身邊掛一個酒葫蘆；問題是它材質太鬆軟了，「其堅不能自舉」——你不能提住它，它撐不起自己。那不能當酒壺用，當水瓢總可以了吧？把它剖成兩半，雖然是五石那麼大，問題是「瓠落無所容」——它是很寬大，卻很平淺，盛不了多少水。所以酒壺不成，水瓢也不成，惠施很生自己的氣，栽培用了那麼多的心力啊，到頭來一無所用，就一腳把它踩碎了。

惠施一腳把它踩碎，莊子就覺得它是「拙於用大」，「拙」在哪裡？「拙」在你心裡面執著那個「用」的標準，笨拙在你被你心知執著的標準困住。惠施以為這個大葫蘆瓜已栽培長成，就一定要發揮它的效應；而功能是放在人的身上來進行評估，例如它可以做成酒壺或水瓢。

另一個例子，講的是「不龜手之藥」，那個藥用來敷手，使手不會龜裂。某一個家族擁有這種不龜手的藥方，讓手在寒冬時節浸泡在水中工作也不會裂開，就此注定了世世代代都幫人家在水溝裡漂洗棉絮的命運！本來手不會龜裂，是家傳的妙方，成了家族的專業專利。問題在世代相傳，「所得不過數金」，整個家族所得也不過幾兩銀子而已。就有遠方的來客聞聲而來，要買這個藥方，一開價就是「百金」，一百兩銀子！你賣不賣？當然賣呀，好幾代辛苦所得也只是區區幾兩銀子而已！

遠方來客以百金買走了冬天時節的靈妙藥方，他前進吳國，想去謀求一個扭轉一生機遇的可能未來，他誇下海口說他有把握在寒冬時節打敗越國的水軍。春秋時代吳越不是相爭嗎？處在長期對抗的情勢中，吳王使之將，冬天與越人水戰；本來越國是多水之地，最擅長在水上作戰；遠方來客卻一舉大敗越人，祕方果然發揮了天大的妙用，這個遠方來客就此裂地而封侯。而原來那個家族，「鬻技百金」，好幾代漂洗棉絮才賺得幾兩，賣出祕方就輕易得到了百兩之多，看起來好像已經得到很大的報償，但人家一轉身就裂地封侯；關鍵在「所用之異也」，問題是你會不會善用此妙方啊，所以莊子說：一樣的不龜手之藥，有的人是世世代代幫人家漂洗棉絮，有的人卻一朝得到祕方，就可以裂地封侯；就看你會不會善巧運用而已！

無用之用，才是真正的大用

這個比喻是告訴我們，「用」可分大用與小用，就是「所用之異」，它只是「異」，但是還是「用」。莊子可不是要在大用、小用間做比較，因為那叫比較心、得失心，都是從分別心來的；而分別心又由執著心而有，執著的心就是你執著了一個「用」的標準，去做出分別，並比較得失，終究掉落在患得患失的驚恐不定中，這才是莊子所說的「所用之異也」。

莊子只是藉著世俗的大用、小用，來點出惠施落在小用，做水壺好一點？還是當水瓢好一點？這樣的用都是小用，你要另闢一個大用，大用在哪裡？就在「無用」——你要無掉世俗的用，像是做酒壺，還是水瓢，二者都成不了世俗「有用」的「用」，世俗的用都做出大小的區分；「有用」是大用，「無用」是小用，而這樣的「大用與小用」，與「有用與無用」的相對區分，在莊子看來都落在世俗「小用」的層次，小眉小眼的執著分別，與比較得失的患得患失中。

莊子所要開拓出來的則是生命本身的「大用」，而大用要怎麼顯發出來，不是「由小而大，而大而化」嗎？看起來好像「由小而大」而已，實則還要「由大而化」，「化」就是從「有」轉而為「無」，「無用」不是沒有用，無路用，而是超離

「人間世俗」的用，而回歸每一個人「生命本身」的大用。

大葫蘆瓜，笑傲江湖

這條大葫蘆瓜假定沒有誤闖人間，而讓它回歸自然的話，它就可以浮浪於江湖之上，「以為大樽而浮於江湖」。那不就是道道地地的「笑傲江湖」嗎？一身傲骨，而滿臉笑容，有價值的尊嚴，也有藝術的美感。因為它很大，又很平淺，正好可以自在的浮在江湖之上，那不就是「相忘於江湖」的真實寫照嗎？你怎麼可以一腳把它踩碎，而否定了一路栽培它長成的生命美好。你要讓那個大葫蘆瓜回歸大葫蘆瓜本身——「物自身」。你要讓它回歸它「物之在其自己」，讓它回歸它自身的用。

假定你用惠施的用來看它，當然是無用，因為它不是惠施，它是葫蘆瓜嘛。當然惠施付出了很多的心力栽培它，讓它長成，他有很多的預期、很多的等待，他總覺得他應該得到回饋，應該有報償，所有的付出要有「代價」；所以當他發覺代價落空的時候，豈不是前頭的歲月跟心力都落空了嗎？因此一腳把它踩碎，似乎出了氣，可以為自己平反；實則他踩碎的是他這一段時間的辛勞，這一段人生的付出，突然間變成沒有意義了；所以惠施抹煞的是他自己，不是光毀壞了「大瓠之種」，他同時抹煞了他自己一路走來的自在美好，所以莊子說他是「拙於用大矣」。

當你被你心知執著的「用」困住，人生的困苦，是你自己被自己困住，是你自己讓自己受苦，毀壞的雖是大葫蘆瓜，但受苦的卻是你，因為毀壞的是你這一段人生美好的歲月，你陪大葫蘆瓜走過的這一段成長歲月的自在美好，就此完全落空而付之流水。所以難怪莊子要說：「夫子猶有蓬之心也夫！」先生，你的心地長滿了雜草啊！

「用」的所在，就是「困苦」的所在

在莊子的寓言裡，只要是跟惠施辯論，最後結局總是惠施灰頭土臉；但是平心而論，惠施是名家，莊子是道家，學術道路不同，生命境界當然不可同日而語。所以沒有人懷疑莊子對惠施不公平，千古下來也沒有人為惠施翻案；你最好也不要，因為有些案可以翻，有些案是不能翻的。最笨的人才去為壓迫我們的人辯護，存在感這麼真切，你怎麼可能翻案呢？惠施只看到自己一心想要有的用，都沒有想到大葫蘆瓜本身的用；通過你的用的標準，好像裂地封侯與「洴澼絖」（洴澼是擊絮之聲，本漂洗之意，絖是絮之細者），似乎是天差地別。其實「大樽」就是大的酒杯，有人認為是「腰舟」——繫在腰上的救生圈。你把它繫在腰邊就可以「浮於江湖之上」，這不是最自然而美好嗎?陪它「浮於江湖之上」,不要讓它流落人間,連世俗民間的小用都成不了,再被無聊人一腳把它踩碎!你被你自己心知執著的用困住,再人為造作迫使自己跟對方一起受苦受難,這樣不是大大的笨「拙」嗎?不是「用」的笨拙,而是失落生命美好的笨拙,「拙於用大」的「大」在此。

所以最後的結論,就在上一章所說的「無何有之鄉,廣莫之野」,也就是要有「修行無有」的體悟;「無何有」就是心知沒有執著,人為也沒有造作,沒有執著就不會有分別,就不會有得失之患;在「無何有之鄉,廣莫之野」,你就可以「無為其側,寢臥其下」,也不會因人為造作而適得其反。讓它「無所可用」,那就「安所困苦哉」!重點在心知執著的「有所可用」,等同生命的「有所困苦」,「有所可用」讓自己困在其中而受苦受難。我的人生體會,我們都在心裡面蓋一座監牢,把自己關在裡面,讓自己受苦受難。所以莊子一邊罵人,一邊充滿了悲憫的情懷;惠施被好朋友罵了幾句,也該心存感激,因為莊子要他從困苦中走出來。

隱者本是狷,「狂」寄託在儒門的身上

底下我們講〈人間世〉的最後一段,孔子到楚國去,「楚狂接輿遊其門曰」,這

句話其實說得不對，為什麼不對呢？「接輿」是追在孔子車隊後面的那個人，孔子車隊正在前進中，這個人緊追在孔子車隊的後頭，一路趕了上來。「遊其門」是孔子已經進了門，不管那個門是客店的門，還是講學的門。已明言「接輿」在先了，怎麼還會「遊其門」於後呢？《莊子》書誤把對他行誼的描述當作他的名號了。

另外還有一個問題，「接輿」是隱者，隱者人物怎麼會「狂」呢？孔子不是說過「不得中行而與之，必也狂狷乎？狂者進取，狷者有所不為也」（《論語．子罕篇》）嗎？「狷者」是有所不為，「狂者」才是積極進取。接輿是隱者，隱者是從人間隱退，是從儒家的世界觀、價值觀隱退的人，所以他是狷者，他是有所不為，怎麼會說他狂呢？他的狂在哪裡？想必他的狂就是因為他敢罵孔子吧？哇，這個實在太有意思了，「我本楚狂人，狂歌笑孔丘」（李白詩〈廬山謠寄盧侍御虛舟〉），不然隱者怎麼會狂呢？天下還有哪一個人比子路還狂？

但是隱者如長沮、桀溺就敢給子路難堪，荷篠丈人還批判孔子：「四體不勤，五穀不分，孰為夫子？」所以他的身分是狷，是隱者，他的狂就寄託在子路跟孔子的身上；像孔子那樣的人，竟然有人敢唱歌來諷勸他，這個人未免太狂了吧！他就是接輿啊。

我們來看看他唱的歌詞：「鳳兮鳳兮，何如德之衰也；來世不可待，往世不可追也。」所以講三代傳承，去消化三世因果的不光是我吧，你看莊子告訴我們：來世是不可等待的，往世是無可追回的。人生就是這樣子，你要抓住今生今世，這就是儒門入世的精神與現世救人的奮鬥；逍遙遊是在今生今世逍遙遊啊，因為「來世不可待，往世不可追也」。

而「鳳兮鳳兮，何如德之衰也」，在《論語．微子篇》是「何德之衰」，此多一個「如」字；這兩句意思不一樣，「何德之衰」是直指孔子這個人，說你本來是天上的鳳凰，現在你卻變成人間的烏鴉了，流露無限的惋惜之情。「何如德之衰也」就沒有這個意思，所以這是很大的進展，這句的「德之衰」是就時代說的，意思是：你對當前「德之衰」這個世代的人心，又能怎麼樣呢？何如世運之衰何？其奈世道之衰何？這樣的轉是很高明的。

所以我們做人要公平，他有的地方沒有講對，像「遊其門曰」，這是出了問題，還有說「接輿」也不相應，「接輿」這一名號就在講他的行誼嘛，你怎麼可能又「遊其門曰」呢？（編者按：《論語》該章是：「楚狂接輿，歌而過孔子，曰：『鳳兮！

鳳兮！何德之衰？往者不可諫，來者猶可追。已而！已而！今之從政者殆而！』孔子下，欲與之言。趨而辟之，不得與之言。」）但是「何如德之衰」是指孔子立身的時代，「何德之衰」是指孔子這個人；此所以莊子會說：「天刑之，安可解？」老聃跟叔山無趾已經理解天刑是不可解，他們已深切體悟沒有人可以救孔子，所以寫到這裡就不能再說「何德之衰」了，不然你本身就矛盾了，你的生命人格是破裂的。所以莊子就此一轉：「何如德之衰也」。一個哲學大師就是懂得在重要時刻加一個「如」字，這一點實在是莊子的高明，從《論語》到《莊子》的重大進展。

其實這也不叫高明，莊子只是在修正他前輩的敗筆而已，因為接輿那種講法未免太狂，你怎麼可以說孔子是「何德之衰」？所以是莊子覺得道家的前驅人物出了一點難題，趕快幫他修正過來。所以我們的老師、我們的朋友，萬一話沒講好，我們就要幫他修正過來。

有道成焉，無道生焉

底下接輿又說：「天下有道，聖人成焉；天下無道，聖人生焉。」「成焉」跟「生焉」差別在哪裡？天下在有道的年代，我做什麼？我做孔子。那在無道的年代呢？我做什麼？我做老子。所以一個叫「成焉」，一個叫「生焉」。這是我的解釋，不然「生」跟「成」都是正面的意義，但是這兩個天下的情況卻是完全相反的；完全相反的世代，你所做的都是聖人，都是「生」跟「成」，怎麼可能？所以「聖人成焉」指的是儒家「人文化成」的成；「聖人生焉」是道家「有生於無」的生，一切美好生於回歸自然。這樣的話，人生還是永遠有希望的，太平盛世，我做孔子，天下大亂，本人老子；都是第一流的聖人，永遠生、永遠成。

千萬不要時代垮了，你也就垮了；你還是成、還是生，這叫「主體的修行」。主體的修行可以扭轉乾坤，可以起死回生的。這兩個字，陳壽昌的《南華真經正義》解為：「成其能」跟「全其生」，我的解釋與前輩學人有不同的體會。我認為把它說成一個是儒家、一個是道家，這句話才會活起來。

底下又說：「方今之時，僅免刑焉。」在現在這個時節，僅能免於刑罰。今天這個時代就是「天下無道」，「無道則隱」是大家要自我隱藏的年代，大家回到民間鄉土，自我修行的年代，你還在街頭大喊救人救世嗎？這是接輿對孔子的諫言，「何如德之衰也」，你又能怎麼樣呢？「方今之時，僅免刑焉」，這是很沉痛的話。底下說：「福輕乎羽，莫之知載；禍重乎地，莫之知避。」幸福比羽毛還輕，卻還不曉得去珍惜、抓住；災難如同整個大地壓下來，還不曉得要避開。接著又說：「已乎已乎，臨人以德。」「已」是可以停下來了，不要再做「臨人以德」的事，在人間行走，老展現自己的德行，這是恃才傲物的意思。也就是說：這是不可為的時代，你還在周遊列國，用你的德行傲視群倫；這樣會誤導天下人的人生走向。因為大家跟你走的話，一定會受苦受難啊！所以接輿勸他不要再行走人間了，不要再「臨人以德」了，不要再倡導儒家做為一個人的尊嚴、榮耀了，那條路在今天是走不出來的，因為「方今之時，僅免刑焉」。今天又不是太平盛世，你怎麼還講那套治國平天下的哲學來誤導天下人民呢？

山木砍自己，膏火煎自己

底下又說：「殆乎殆乎，畫地而趨。」因為儒家是「知其不可而為之」，就是勇往直前、直道而行的，這是危險的啊（「殆」是危險，「畫地而趨」是堅持路線而不知變通）。又說：「迷陽迷陽，無傷吾行；吾行郤曲，無傷吾足。」人間是遍地荊棘，你不要妨害在人間行走的腳步了；在野草叢生間，你要懂得尋空隙和迂迴的走（「郤」是空隙，「曲」是迂迴），才不會傷害你的腳啊。從「鳳兮鳳兮」到這裡是楚狂接輿唱給孔夫子聽的歌辭，最後莊子說：「山木自寇也，膏火自煎也；桂可食，故伐之；漆可用，故割之。」意思是：山上的樹木是自己砍伐自己的（因為你有用，你就引來工匠砍伐自己；看起來是工匠砍，無異是你自己砍）。就如你一定要炫耀你的才能，所以你才會被世俗把你用掉的。而膏火是自己煎熬自己的（看起來好像是人家幫你點燃，問題是會燃燒是你的本質，你具備了可燃性，所以你的煎熬是來自於自己的材用）；桂實可食，所以大家來砍伐；漆樹有用，所以就被割傷了。底下是總結：「人皆知有用之用，而莫知無用之用也。」大家都知道有用的用，卻忘卻了無用的用。意思是你不要老對世俗展現你的用，你當該做的是回歸自家的用。

莊子告訴我們：當天下有道，你要有理想的擔當；當天下無道，你要能智慧的隱退。在太平盛世，你去完成你的理想；天下大亂了，以你的智慧來成全自身。這樣的話，我們就可以立於不敗之地，所以「金剛不壞之身」從哪邊來？從自己的修養來，「修行無有」，「求其無所可用久矣，幾死，乃今得之，為予大用也。」原來無用的用，才是每一個人生命本身的大用，莊子已經講得這麼清楚明白了，人生該怎麼走，我們自己心裡有數，這就是存在的抉擇。

第八章

生死大關的懸解火傳

所謂「安時而處順」，意謂我們要如何面對有生必有死的人生終程，生死既是一個生命存在的事實，我們來到人間或許是偶然，我們離開人間總是必然，這個是無所逃的，也無可扭轉的結局。那我們能做什麼？「安時而處順」正是如何面對的問題。生而為人面對自己的一生，就要安於我來時的偶然機緣，而面對總是要離去的必然終程。既來之，則安之，你只能夠安於你來的時，這就是「命」的本質。所謂生命，就是你被生出來了，就直接面對有一天會離去的命。我們唯一的可能，就在活出每一當下的真實美好。

我之前去新加坡參加學術會議寫的是「孔孟儒學的生死智慧」，後來在南投「鐳力阿」道場開會，講的是「老莊哲學的生死智慧」；我們尋求生死智慧，但我們不走宗教信仰的路，我們走的是修行覺悟的路。

過生死大關要有生死智慧

任何一個大教或大哲學家派，都要同情人的有限性，讓受苦受難的人心靈得到撫慰；同時它又要開發一個未來的前景，給出一個無限的希望，引領眾人從人的有限性走出來，而走向無限性；這就是任何一個大教、大哲學家派所要完成的使命。

其實人生最大的有限性就在人生路上人逐步走向死亡的終程，人生最大的無限性就是讓生命可以永續長傳，所以歸結而為有生必有死的問題。人人都走向老死，但你要給他一個再生或新生的路。所謂生死智慧就在生死之間，你很難用知識理性來架構一道橋樑，讓每一個人走過去；所以在哲學之外或之上的宗教，不必然要奠基在知識理性，而轉向道德理性去尋求出路，像是基督的博愛、佛陀的慈悲、孔子的仁、老子的慈，此給出一條通過信仰，或修行，或智慧，或願力，可以走過生死之間的路。這樣的一條路就是對應生死大關的路，它不是光揭開生死的奧祕，而總是要給出一條薪盡而火傳的未來之路。所以我們可以講儒家的生死智慧，也可以講老莊的生死智慧、禪宗的生死智慧。

在中國哲學思想裡面，那分神祕主義的性格比較薄弱，好像我們是選擇了一條艱苦的路，一步一腳印的路，也就是說你的修行到哪裡，你的覺悟才到哪裡；你的實踐到哪裡，你的智慧才開顯到哪裡。所以要用百年功力來通過最後的生死大關，而不是直接由救世主、由法師道士、或者由神父牧師來引領、來普渡，所以我們專講「生死智慧」。

生死大關我們先通過莊子〈德充符〉的一句話來講：「死生亦大矣，而不得與之變。」生死是一個大關，但是我們的精神自我、我們的真君、我們的道心不要隨形軀的生死而起伏不定，這就是「不得與之變」。〈大宗師〉的另一句話「死生命也」，幾乎是《論語》的翻版，孔子也說：「死生有命，富貴在天。」（〈顏淵篇〉第五章子夏引述的話）孔子直接講「死生有命」，富貴也是另外一個命，雖說「在天」，那也是人間遇合的氣命，不是「天命」，而是「氣命」。你讀《論語》，有時候要有自家體會的理解；我們一般講命運的命是指「氣命」，而天命是天底下每一個人共同的「理命」，天命是不可算，也無須算，《中庸》說：「天命之謂性。」天命就在每一個人的仁心、善性裡面，所以每一個人都有天命。

而在儒家的本義來說，天命既內在每一個人的心性中，所以是普遍性的。每一個人不一樣的叫氣命——通過氣質而來的命；那是特殊的命，是不平等的，有上中下的分別，有才氣性向的殊異，那個是指人的氣命，「死生命也」就是指氣命來說的，也就是你的體能、氣質；像某些家族是長壽的家族、兄弟姐妹好多個都活到九十歲一百歲，這個就是所謂的「死生命也」。

在「氣質之命」之外，另有一種命是「氣運的命」，例如在戰火離亂的歲月，生命是沒有保障的；那是來自時代因素與歷史條件的另一種命，就是整個時代人人皆得承受的氣運走向。專就個體來說是人人不同的「氣命」，也就是「死生命也」，與有上中下之分的才氣分異。

個人的氣命與時代的氣運

底下說：「其有夜旦之常，天也。」「夜旦之常」就是夜晚跟白天，事實上那也是另外一種命，天候地理的命有白天有夜晚、有春夏秋冬。「富貴在天」的天，跟「其有夜旦之常，天也」的天，這兩個「天」都是指現象自然之天，時代氣運、天地萬象的流轉變化，所以不要把它解成「天道」，因為解成天道就轉成「天命」了，天命可不管每一個人的福報；中國人的天命只管德行，不管福報；福報交給誰？福報交給每一個人的氣命。所以這很特別，在宗教信仰裡面、德行福報都是佛陀慈悲、都是基督恩賜；所以人可以祈求福祐。中國人這方面看得很開，因為天命只給德行，所以轉而信佛、信基督，以取得福報的保證。

講天道天理，就是我要做一個好人；那福報呢？福報看開一點嘛，「死生有命」，且「求之有道，得之有命」啊。我們有沒有那個福報，終究由「命」決定，就每一個人說氣命，就整個時代說氣運。這麼一來，我們很少人會去祈求福祐，我們會通過我們的理論系統來預測人的命，像生辰八字、紫微斗數等等，都是希望通過你這個人的出生年月日及時辰，給出一個神祕的訊息，再來算你這個人跟天地氣化與這個時代的關聯，並預測你這一生的福報如何；這就是中國的算命傳統。

所以我們的算命傳統幾乎取代了民間信仰，本來民間信仰就是祈求福報，現在不必了，我們看星象就可以了，看星座就知道了。像我是獅子座，聽說很虛榮，要引以為戒；獅子座的人喜歡當老大，我什麼時候當老大了？我大概只有在鵝湖當過老大而已，其他都沒有。

其實這就是給出一個訊息，因為他純然從氣來看，你個人的氣質，跟這個時代的氣運，一定有一個時空的交會點，你出現在那個時空的交會點裡面，可以預測你一生的福報；所以《易經》講「卦時爻位」，卦指時間，爻指空間，在時空交會點，你這個人現身在這裡，你的福報就是這樣，《易經》的卜卦就是做出吉凶的預測。不過我只是說算命的道理，我自身是超離在卜卦神算之外的，因為我比較貼近孔子的教言，只求心安理得，而富貴於我如浮雲。我也接受孟子的觀點；你要「求之有道」，而終究「得之有命」。

生死無所逃，心靈求化解

因為「死生有命」，所以怎樣走過人生的最後一關，你不可能靠客觀的情勢來扭轉；因為死生是天生命定的，這是一個存在的事實，你無可扭轉。譬如說我們要讓人永不衰老，讓生命力永不衰退，這是不可能的；讓時間停下來，讓世界定下來，這是不可能的；因為它是一個既存的現象。我們所能夠做的，只是認真用心來體會、來開悟、來覺醒，在生死的存在邊緣，去悟道求解脫；所以不是在事實上去改變它，而是在價值。意義上得到安頓，這就是儒家思想教導後代子孫的「安身立命」之道。

譬如說死而無憾、死而不朽，我們永遠活在歷史的傳統、活在生命的長流裡等等；不是要去扭轉人總會老死的客觀事實，而是要提升生命的層次，往價值、往意義的路上走；這就是「生死智慧」。所以生死的確是大關，它是「命也」，它是無所逃的；卻不是不可解的，你可以在心裡面解消死亡所帶來的傷痛跟遺憾，身雖死而心無憾就是生死智慧。

因為莊子認為命是「不可解於心」的，「子之愛親」，當然是「不可解於心」；而死亡帶來的壓迫與陰影，我們通過修養解開它，這就是所謂的「懸解」；而讓我們的生命可以在每一存在的當下發光發熱，就是「火傳也」。「懸解」跟「火傳」都是莊子在〈養生主〉最後的結語，我們先來看看他怎麼解？生死間的恐懼並非不可解的，所以我們當然往消解的路上走；而通往消解的路，是在心上下工夫的。

「死生命也」，死亡是形軀生命的必然結局，你不能改變它，但是你可以在心靈上，去解開死亡所帶來的遺憾與傷痛，讓生命在價值上、意義上得到安頓。所謂「懸解」就是解開倒懸，這是〈養生主〉一段很重要的寓言：老聃死了，秦佚去憑弔、哀悼他；當時秦佚有一個很出人意表的演出，他進入靈堂，乾號三聲就出來了，像《三國演義》諸葛孔明哭周瑜一樣（有聲無淚叫「乾號」，就是沒有感情，徒具形式的意思）。弟子就問他：「老聃不是你的朋友嗎？」他說：「是啊！」弟子又問：「那你怎麼可以這樣對待他呢？」沒有淚水、沒有傷感、沒有悲痛，還叫朋友嗎？秦佚說：「理當可以。」他的理由在：「本來我以為整個靈堂前來哀悼的人，都是老聃的朋友，經過觀察省思，我覺得他們不是；因為他們不該哭的都哭了，不該說的也說了，老的像哭兒子，小的像哭母親；完全悖離老聃生前教給他們的生死智慧。」他的意思是：放眼整個靈堂，恐怕只有我才是老聃真正的朋友；因為道家人物是把生死看開的啊！

來只是偶然，去總是必然

底下秦佚就用這句話來解開死亡的困結：「適來，夫子時也；適去，夫子順也。安時而處順，哀樂不能入也。古者謂是帝之懸解。」「適來」，因為老子講生死是出入（《道德經》五十章講「出生入死」），莊子有時候也講出入（〈大宗師〉），不過比較常講的是「來去」。「適來，夫子時也；適去，夫子順也。」這句話的語式不大好理解，所以我把它調整為：「夫子之來，適其時也；夫子之去，適其順也。」「夫子」是指老聃，老聃來到人間只是一個偶然的機緣，「適」是「僅僅是」的意思。而老聃離開人間，「適其順也」，卻是一個必然的結局。我們來到人間或許偶然，我們的離去人間總是必然；因為你不曉得你會來，你來到人間不是你主導的嘛；但離開人間總是必然的，老子說「出生入死」，人生的行程就在生與死之間，從

「生」地出來，而往「死」地歸去。不管你多懷念、多眷戀、多不捨，它都是必然的，所以我說它是「無所逃」。因此你只能夠在心裡面解開，你不能扭轉有生必有死的存在處境，你所能夠解的只是心知執著所引生的那個憾、那個傷、那個痛；那該當如何解呢？

看看各大教啊，你是基督教還是佛教？是儒家還是道家？再通過你的世界觀、價值觀，來找到價值意義的安頓。所以「來」是偶然，「去」是必然；「順」就是必然的趨勢，因為時間是往前走的，我們由出生，走向成長，而歸結衰老，最後死亡；前半段是生長，後半段是老死；〈齊物論〉的說法是「不亡以待盡」——我們在等待終了的時候。這個生命體就像一個機栝一樣，你把發條扭緊以後，一放開，生命力開始發散，它也許會跳舞，也許會唱歌，到最後一定停下來，這叫「其發若機栝」。所以順是順著時間的走勢，時光不可倒流，我們是一步一步往前走的，而那個是叫「適其順也」——人生順勢而行，總會走到終點。

安於來的時，面對去的順

傳統文化解釋福報問題，一是命，命是父母給的；二是運，運是自己要去靈活運轉，命才會活起來。故父母負責一半。問題是，命要往人間街頭去運，所以第三是緣分。為什麼要說三緣分？因為你的運不可能是孤獨的運，你總是會走向人間街頭，總是要跟天下人相遇互動；所以三緣分端看命跟命之間的契合與否。

我解一二三是通過老子的「一二三」講的，老子說：「道生一，一生二，二生三，三生萬物。」（四十二章）我們這裡不講「三生萬物」，而是說「三生每一個人的命」；而生的原理在哪裡？在「道」。老子講「無」、「有」跟「玄」，人天生有「命」，而「命」是被給與的，「天生命定」，似乎已「無」轉寰的空間；只要我們無怨歎，不抗拒，「運」仍掌握在你的手上，由你自己主導。看起來「命」好像已經定了，已無空間，實則還「有」百年人生，故仍是「未定之天」。那「緣分」呢？是「天作之合」。請注意，這三個詞語都用天貫串，天生命定、未定之天與天作之合。

我在講〈德充符〉的時候，特別解釋什麼叫「天作之合」，就是兩個命相遇，也相知相惜。你的命是天生的，我的命也是天生的，我們的命底有一個相互感應的密碼，所以說是「天作之合」。所以我可以看到你，你可以讀懂我，讀你千遍也不厭倦，就好像老天早就安排好的。所以「一命，二運，三緣分」，是人間福報的一二三；「道生一，一生二，二生三，三生萬物」，是天道德行的一二三。我們把天道德行的一二三，引入人間福報的一二三；有沒有命限？有啊，但也等於沒有啊，因為命雖定仍可以運轉啊；運到哪裡去？去跟人間某個人相互感應而成其天作之合；天作之合不是「德充符」嗎？因為「德」是天真，「充」就是內在充實，德充於內，必能符應於外，真實生命一定相互符應契合，天真對天真，人生還有不合的嗎？我們擔心的是人為造作對人為造作，然後人生變成笑鬧劇，還轉成虛妄的悲劇。

死亡猶如瓜熟蒂落般的自然

我們再回頭解「安時而處順」這句話：我來時是父母決定的，所以既來之，則安之；但是我們永遠要面對總是要去的終程。底下說：「哀樂不能入也。」你能夠安於來的時，你能夠面對總是要去的順，這個時候你就可以坦然了，你會認同它，你能接納它，認同自己的命，接納這個無言的結局；這個時候，哀樂就不能闖入我平靜的心了。我們心裡面的苦痛、悲傷、煩惱，就是因為哀樂干擾嘛，「哀樂中年」啊，因為中年人事業到達高峰是樂，而面臨由中年轉入老年的更年是哀。

底下再說：「古者謂是帝之懸解。」「帝」怎麼解釋呢？很多注解，甚至是現代的學人，就把它解作天帝、玉皇大帝；但是《莊子》內七篇好像沒有這種「人格天」的理念，所以我把「帝」當作「蒂」來解。那「懸解」是什麼？因為生命之樹像葛藤一樣是往上爬的，爬上棚架枝葉繁茂了，接著開花、結果，那個果是往下垂的，就像絲瓜一樣，掛在那裡，就叫「倒懸」。懸空掛在那裡是很辛苦的，你倒掛在那裡，上不在天，下不在田；所以所謂的「死」，就是「瓜熟蒂落」。你這樣子看：活一生了，一生這麼美好，最後瓜熟蒂落了，不是又回到大地了嗎？種子落在地上，下一季它又萌芽了，不是又可以茁長壯大、開花結果了嗎？所以人的存在好像是倒懸，死亡剛好是瓜熟蒂落，回歸大地，很自然嘛；正好解開了倒掛懸空的生命困境。「懸解」就是解開倒懸。

解消分別，釋放壓力

這樣解有一個難題，說活著就是倒懸，死亡才得解脫，這不是在歌頌死亡嗎？所以這樣說是有問題的。按照字面上來解釋是這樣子，但是事實上你要從「安時而處順，哀樂不能入」來思考；也就是說：你對死生的執著分別，還有從死生的執著分別所帶來的心理壓力與生命的哀傷，才是「倒懸」。假如你把死生的執著分別解消，從那個陰影中自我釋放，那就是「懸解」了。所以「倒懸」跟「懸解」，不能直接解為：生是倒懸、死是懸解。而是從「心知」的執著分別所拖帶出來的壓力來說的，因為有生有死是一個存在的事實，無可扭轉，沒有平反的空間；我們要能大徹大悟，擁有生死「智慧」；這個智慧是通過我們的修養、我們的體悟而開發出來，所以「倒懸」是就你對死生的執著分別，還有執著分別所帶來的沉重壓力而說。

面對死亡你每天都擔心受怕，「倒懸」不是指死亡本身，而是說你藏在心裡面的深沉恐懼，就像死刑犯般，不知什麼時候會執行；好像永遠吊在半空中一樣，是永遠的不安定感，永遠的漂泊感；在生死間飄盪，在生死間流浪，甚至有人自我放逐，有如世紀末日隨時會到來的沉重心情，死未來而生已逝，了無生趣；不知有沒有明天的憂慮，豈不是此生倒反過來，生反而如死，而死才得解脫嗎？根本在生死的執著分別解消了，壓力釋放，不再恐懼，而一如往常的日出而作、日入而息，就是「懸解」。

心知執著是夢，生命釋放是覺

〈齊物論〉不也講「死生夢覺」嗎？莊子可不是說「生是夢，死是覺」喔；而是我們對生死的執著分別是「夢」，解消對生死的執著分別則是「覺」。這樣才不會給出錯誤的訊息，好像活著是煩惱，死亡才解脫。同樣的，佛教也不是這個意思，佛教的「煩惱」是你對生死的執著與分別所帶來的無常感來說的；「解脫」就是你不執著分別，也就不會有無常感；沒有了無常感，煩惱也就消散了；而不是說「生是煩惱，死是解脫」。所以不管是老莊還是佛門，佛所謂的解脫，與道所謂的「懸解」的「解」，都是指心知執著的放開；你執著它，它回過頭來壓迫你就是倒懸；你放開它，它就不能壓迫你，就是「懸解」；因為它不能進到你的心中，就不能壓迫你，成為你一生的煩惱。

關鍵在我們心知的執著，所以莊子說：「不知悅生，不知惡死，其出不訢，其入不距。」（〈大宗師〉）「不知」就是沒有執著、沒有分別。「悅」跟「惡」說的是哀樂，你喜悅、你厭惡，你會覺得歡樂、會覺得悲哀；你一定是先有死生的執著分別，才會帶出悅跟惡的情緒感受，才會帶出哀跟樂的生命波動。解消執著就在「不知」！「不知」就是心知不起執著；不執著也就無分別，無分別也就不會有喜悅跟厭惡的心情波動了，這叫「生而何歡？死而何懼？」因為你不執著、無分別，不起好惡哀樂之情，不會起心動念，那無常之苦、無邊的煩惱就不會籠罩在我們的心頭。

不死之道就在不生

〈大宗師〉另有一段話：「不知所以生，不知所以死。」不問生從何處來，不問死往何處去。人生就是生死之間的歷程，活得好，活得有尊嚴，活得有意義，活得發光發熱、多采多姿，這就夠了。所以重點都在「不知」，道家的「不知」就是不執著，因為你一有心知，一起執著，它就變成你的煩惱，有如籠罩在你心頭的滿天陰霾。簡單的說就是「不知生，不知死」——不執著生，死就不能壓迫我們。不生所以不死，你沒有執著生，死的陰影就跟著在心頭消散了，因為「死」是跟著「生」來的；你心裡面一執著生，那死的陰影也就同時出現，〈齊物論〉說是「方生方死，方死方生」，生死有如雙胞胎，是同時併生的，死的壓力會跟著生的執著一起來；你把生放開，死也就失去憑依了。

那剩下什麼？「生命」本身！佛教叫「如如」，如如而來，如如而去，如其所如。「如如」就是它怎麼樣你就怎麼樣，這叫「如其所如的真實」；人生的真實就是好好活嘛，是之謂「真如」，你一定會覺得佛門的「真如」不大好理解，順著我這樣解比較簡易，「真如」就是隨生老病死，也隨生住異滅，不起執著分別，也就遠離無常煩惱。如如而來，如如而去，如其所如的真實，是謂真如。這就是「不知生，不知死」，既然你把生的執著都解消了，死的恐懼就消散不存了；你一執著生，死就跟著來。就像你太想得到，所以才會失去嘛：你現在把得到的意念放下，你就永遠不會失去了；這叫「不生所以不死」。

這是道家的人生智慧，天下各大教都在問：不死之道在哪裡？莊子給出的是「正言若反」的答案，答案在哪裡？「不生」！這是東方的絕大智慧，是「置之死地而後生」。因為我們都用心在「如何不死」，結果道家的答案卻告訴你：「不生」！

形體異物，心靈同體

我們都希望把心知執著的那個結，與心結所引發的「痛」與「憾」解開，所以「倒懸」是心知的執著所拖帶出來的心頭的痛、心情的憾與心靈的苦；「懸解」就是把心知執著的結解開。我們再就生命的處境做一個解析，莊子是要把生死的事歸諸形體，而還給心靈一個開闊的天空；因為心靈原本可以擁有人間很多美好的事，但是都被困在形體的生、老、死的行程裡面，心中充滿恐懼憂傷，所以人間的美好進不來。對於生命，莊子用「假於異物，託於同體」來說，「假」是假借，「異物」是不同的形體；我們不是說過「萬竅怒呺」嗎？「萬竅」就是眾形。每一個人都落在一個形體中，一個人一個命，這叫「假於異物」；但是我們的心靈是「同體」的，都是道心，都是天地心，都是佛陀的心，都是基督的心，都是孔子的心，都是老子的心。

心是同體的，形體則是寄身的異物，所以我們是「假於異物，託於同體」。就形體來說，大家都不同；但是大家都有同樣的感動，都有真實生命的交會，源頭在心靈的「同體」。所以前頭說存在的處境與困局，從生命本質的德尋求出路的時候，特別強調出路是要靠「心」來打開的；所以「託於同體」就是指涉我們無限的心靈，「假於異物」專指我們有限的形體。從形體來說的話，每一個人都是孤立而彼此割裂的，就像惠施跟莊子說：「子非魚，安知魚之樂？」（《莊子．秋水》）你又不是魚，你怎麼知道魚是快樂的？所以每一個生命都是孤寂的，是斷隔的。除非你的心靈出得來，虛靜心觀照，就會跟人家有生命的交會，與存在的共感，雖「假於異物」，卻可「託於同體」。

生老死是形體的事

〈大宗師〉又如是說：「夫大塊載我以形，勞我以生，佚我以老，息我以死。」「大塊」是天地造化，天地造化用有限的形體來承載我，用人生的行程來勞累我，用老年的時光來讓我休閒，用死亡的終局來讓我安息。說「死亡讓我安息」，這要有強烈的存在感才行：有時候我們的親人過世，反而我們比較能夠接受，就是因為親人活得太痛太苦了。所以老天爺一定有它的道理，死亡之前讓你病痛，你病痛就比較容易割捨，比較走得開；而活著的人也比較能夠放得下，比較能夠接受。

最近有個朋友一度病危，大家已經接受他來日無多的事實了；沒想到不久醫生又說他好像病情穩定下來了，每一個人聽了都感到驚異莫名。這個驚異莫名，我告訴諸位，那種情感是很特別的，我實在不曉得要如何來說這種感覺，好像他應該早一點離去似的。其實那樣的感受來自於對病人艱苦存活與對家人長期拖累的絕大同情，所以講「息我以死」，你要有存在感，你才會有真切的體會。老年一定要退休的，要休閒，所以老天爺給我們一個美好的晚年，一切放下，每天遊山玩水，生命有如行雲流水，走人生最後的歲月，每天跟天地同在，也跟萬物同行。

所以生、老、死都是形體的事，上面連說的四個「我」，都超然在生、老、死之上，指涉的是心靈的「生主」跟「真君」。「託於同體」的天地心是不會死的，天地心怎麼會死？但是「假於異物」的形體，是會有走向衰退老死的時候。關鍵在「其形化」，而其心不要「與之然」，形有少中老的變化，心不要隨生命的老去而有蒼涼之感，而超離在「形化」之上。

所以「真君」是「同體」，「形體」是「異物」；形體雖殊異，卻都得通過生、老、死的共同歷程。佛教多說了一個「病」字，「生老病死」。但有的人不一定有病，是自然的走喔，當然那是人生最大的福氣。道家只講生老死，不講病，所以道家還是比較自然，他不會讓你有一種痛的感覺。生老死是形體的事，所謂的「我」顯然說的是形體之上的我，那就是心靈啊。

形體有死，而心靈不亡

我覺得莊子給出了「死而不亡」的生命大智慧，形體雖有死，而心「不亡」，我們永遠不被「死」打敗，故《道德經》說：「死而不亡者壽。」（三十三章）我們要這樣想：「真君」總是在那裡的，前一秒鐘的愛心，不會因為後一秒鐘的呼吸停止而消失；那個人一生讀書，那個人一生修行，怎麼可能在一秒間完全消失？不可能的，愛總是長留天地間的。我喜歡這段話，心靈超然在生老死之上，所以生死是形體的事；真君如同天地心一樣的無限，無以名之，就說是天地心，或道心，基督徒可以說基督的心，佛弟子可以說佛陀的心，儒家說天理良心，道家則說道心；道心是與道同在的心，它不會隨著形體的離世而斷滅的。

那問題是，形體死後到哪裡去了呢？還是有答案的，我們在莊子的著作來看，它有很多的斷片，我們試圖把那些斷片串聯起來，省思它的生死智慧。（斷片就是這邊出現一句，那邊出現一句，我們要像拼圖般把它拼湊起來。）

底下說：「故善吾生者，乃所以善吾死也。」程明道也講過這樣的話，但是儒家的善跟道家的善不一樣；「善」就是德行，但是儒家的德行是有心的，道家的德行是無心的，關鍵在此。所以「善吾生乃所以善吾死」，莊子的「善」就是無心、自然；無心自然的生，就可以無心自然去面對死亡；也就是你放開生，也就放開了死；你不執著生，死就不會成為生命的痛跟憾；「不生所以不死」。所以「善吾死」之道在哪裡？在「善吾生」。

問題是那個「善」，程明道講的「善」是儒家仁心的有心，譬如說立德、立功、立言，用你的仁心、德性心，讓一生好好的發光發熱，你此生便可無憾；雖然任重而道遠，死而後已，但是此生無憾，因為該做的都做了，該有的都有了，該給的都給了，該盡的都盡了。千萬年長久活下去還不是這樣嗎？此生已然完成了，無憾了！那個是儒家式的「善吾生，乃所以善吾死」。道家式的是從放開來說，你放開了生，就可以放開人生最後一個關卡的考驗，所以「善」是無心自然的放開。

入於不死不生

〈大宗師〉另有一句話：「殺生者不死，生生者不生。」（在「南伯子葵問乎女偊」那一段）這句話不容易解；這句話的前頭說：「入於不死不生」，「不死不生」是超離在生死的執著分別之上，因為女偊告訴我們，修行的工夫要進入到不死不生之境；所以「殺生者不死，生生者不生」的「不死」跟「不生」顯然都是正面的意思。「殺生」就是解消心裡面對生的執著，心裡頭沒有了「生」的執著，這樣相對的「死」的陰影就不會如影隨行而來；因為你心裡面沒有執著「生」，「死」就不會有立足的空間了。

因為死是跟著生一起來的，下面一句的「生生」，老子有謂：「人之生，動之死地，亦十有三；夫何故？以其生生之厚。」（五十章）「生生之厚」是對生起執著，求生太厚的意思。但莊子的「生生」不是這個意思，不是說老子「生生之厚」怎麼說，所以莊子這句話也要怎麼說，因為這樣解是講不通的。所以你一定要回到語文脈絡來理解它，「不生」一定是好的意思，因為它前面說了要「入於不死不生」，所以這兩句話都是正面的意思，且是最高的境界。「殺生」是你在心裡面把生的執著解消掉，死就消失於無形了。那「生生」呢？「生生」就是無心自然的生，就是前頭講的「如如」；你順應自然的生，也就可以「不生」——順應自然就不會執著生了，而後「不生」所以「不死」，儒家也講「生生不已」，這個「生生」也是好的意思；生生不已，自強不息，不要讓生停下來啊；生之動力一停下來，死也就隨之而至。

所以你讓那個「生」連下來而為「生生」，生是連續的，那樣就說是「生生不已」。儒家的「生生不已」是不斷的生，就是「天行健，君子以自強不息」（《易經．乾卦》）。莊子的「生生」不是那個意思，它的「生生」是順應自然的生，如其所如的生。心知不執著生，死也就不會成為生命的陰影跟傷痛，這就是「入於不死不生」的境界。

不要因為「生」，多生了一個「死」

為了解釋這句話，我再引用〈知北遊〉「冉求問於仲尼」那一段的一句話來說：「不以生生死，不以死死生。」不要因為生，多生了一個死出來；也不要因為死，而把可以好好活的這一生都讓它像死亡般的失落生趣。因為我們太想活下去，反而多生出一個死；多生出一個死，就是你心裡面因執著生而恐懼死亡，所以活著的每一天你都想到死，那等於沒有活嘛，那就只有死，沒有生了嘛。所以道家要把死的陰影掃除，生才會開朗；就像朗朗乾坤一樣，陽光普照，世間再無陰影，那人生還有什麼好擔心受怕的。所以說不要因為太想生，而多生了一個死；不要因為人會死，而後連帶把這一百年的生都過得死氣沉沉的。

〈知北遊〉的這句話很精采，我覺得用這句話來解〈大宗師〉的那句話比較解得順暢；所以《莊子》外、雜篇儘管在境界、層次上不如內七篇，但有些語句也是很有洞見的，而且文句又對稱得那麼好。

形體雖有限，心靈卻無限

我們再回到〈養生主〉的最後一句話：「指窮於為薪，火傳也，不知其盡也。」「指」是可見的，像是可見的薪木（「可見」一定是有形的，你才能用手去指點）。有形可見的薪木是有窮盡的，因為木材是會燒光的，所以樵夫要不斷的砍柴。薪木燃燒總有窮盡的時候，但是當生命的火花在閃現、發光的那一刻，在「火傳也」的那個當下，我們會「不知其盡也」，那個時候你不會悲從中來，老想自己的生命也總有燒成灰燼的時候。

重點在「不知」二字（這一句話後來被簡化為「薪盡火傳」的成語）。人的材質，包括才情、氣魄都在燃燒，才會發光發熱；不過，它總有燒成灰燼的時候，因為它有形可見，是有限的。但是重點就在「火傳」的那個當下，我們的心卻「不知其盡也」，因為當下無心啊。千萬不要在生命火花閃現的當下，突然間悲從中來，那不是大殺風景嗎？所以「薪盡火傳」，不是說「靈魂不滅」，重點是在「不知」，在火傳的當下就是永恆。

而「薪盡火傳」一語，都被說解為儒家義的薪火永傳；那不是道家本有的意涵，而是轉向儒家的義理求解；你是用儒家的思考，解道家的「薪盡火傳」，說這一代「薪盡」了，「火傳」是由下一代接棒；道家沒有世代傳承的意思。莊子認為：整個生命行程或許有終了的時候，但這一生的美好永遠在那裡；唯有美好才是真正的存在，美好永遠不會在人間消失，總是在那裡，就說是「不知其盡也」。

我們現在不是還在讀莊子嗎？莊子怎麼會想到有人這麼用心讀他的書呢？這真的是「火傳也」，我們好像回到兩千多年前，看到莊子生命的火花、智慧的亮光，我們經由歷史隧道，尚友古人，而回到莊子的存在時空去照現他、詮釋他。我可不是說繼承他喔，我說我們通過時光隧道，帶著這部經典，回到莊子的年代，去解讀莊子；這樣不就是「不知其盡也」的真正體現嗎？

「不知其盡也」，不可以直接說是「靈魂不滅」，因為那是基督教的教義，你不能引進基督的教義來理解莊子，那解讀莊子就失去道家本懷了。現在的人動不動就引進西方理論來講我們幾千年傳統的哲學智慧，好像我們沒有自己的文化心靈一樣；你一定要從本身的根土出來，我想不光是政權要本土化，整個文化心靈也要回歸文化傳統的根本理念，不過我不反對多元的解釋或中西的比較哲學，我只是提醒不可失去本義，如用「靈魂不滅」來解「薪盡火傳」，且不該引用儒家的義理去說，而應該回歸道家本身的義理來說解。

形體是暫居之所

《莊子》的生死智慧，其理論的鋪陳大多出現在〈大宗師〉，而關鍵語句卻在〈養生主〉，絕少例外。我們來看〈大宗師〉的：「有駭形而無損心，有旦宅而無情死。」（在顏回問孔子「孟孫才居喪不哀」那一段）這裡我們要根據「心」在「形」中的存在處境來思考，生命主體的「心」背負形體在時光流逝中逐步老去所承受的壓力。

「吾生也有涯」，就因為無限的心落在有限的形體之中，「而知也無涯」說的是我們的形體是有限的，承載不了人間街頭什麼都有，而我們的心知又什麼都想要的沉重壓力，「以有涯隨無涯，殆已」，說的是就因為承受不了，所以快速走向衰老，而被迫退休。莊子跟我們說：「有駭形」，「駭形」指涉的形體在耗損中，心並沒有受到驚嚇，甚至感傷不已。成長年代的朋友到了中年再相見，看到對方都會傷感，才知道什麼叫「歲月無情」，想著對方怎麼會以這樣疲累且庸俗的面貌出現呢？「駭形」就是走在生老死的「形化」過程中，面對鏡子而嚇到了自己。「有駭形」怎麼可能「無損心」呢？形體因耗損而老化，不是會嚇到自己嗎？關鍵在「其形化」，「其心」並未「與之然」喔，形體老化，心也跟著衰頹，那就掉落在人世的蒼涼中。

所以我們的心要超拔在生老死的形化之上，不落在傷感與悲愁之中；「有駭形而無損心」之所以可能，就在〈齊物論〉所說的「其形化」，而其心虛靜而不「與之然」，就是你的心不會跟著形體一起化；在〈德充符〉也說「死生亦大矣，而不得與之變」，就是心不要隨之起舞，形體雖在衰老中，直接面對生死大關，也不能逼迫「心」陷於傷感、悲痛與恐懼之中；這就是「有駭形而無損心」的意涵。

緊接著又說「有旦宅而無情死」，「旦宅」的直接翻譯就是「暫居之所」，宅是住宅，這個住宅不是長久的，是暫時寄居的。原來人的形體是我們寄身的住所，那誰來寄居？就是心靈老大啊；這不就是「假於異物」嗎？意謂人人寄居在不同的形體中。形體只是心靈寄居之所，所以不要把形體看得那麼重大。當然天下人還是很在乎自己暫居之所的舒適與否，家裡面都要裝潢，都要美化，所以形體就是人的門面，也總要讓他整整齊齊、光光潔潔的。莊子是說生、老、死是形體的事情，而形體只是暫居之所，死亡是形體生命的終止，真君總在那裡，所以說「無情死」——沒有真實的死亡（「情」是真實）。從心來說，人沒有真實的死亡，形體只是暫居之所嘛；暫居之所毀壞了呢？那就搬家啊，遷居啊，不是說喬遷之喜嗎？

沒有「亡」，只是「化」

我們再引〈大宗師〉另外一段寓言，很有意思，四個好朋友子祀、子輿、子犁、子來在一起，因為他們都把生死看開了，所以只要「相視而笑」，就能「莫逆於心」，很有默契感應。有一天子來生病，「喘喘然將死」——一口氣上不來，呼吸急促了，他的妻兒環繞在他身邊哭泣；這時候子犁來了，開口第一句話就是：「叱！避！無怛化！」「叱」是「不要這樣子！」，「避」就是「給我走開！」，人家可是妻兒呢！可見道家人物不重視儒家的親情倫理，在儒家倫理不可能出現這樣的場面；你只是朋友，怎麼可以把人家正在話別的親人推開呢？而且是在最後的時刻！

我們現在不是講「臨終關懷」嗎？臨終的時候一定要讓他最愛的人陪在身邊，這叫「終極」。你怎麼樣送他最後一程？在人生最後的時刻，你一定要給他最好的，所以讓他退休，讓他遊山玩水，他想看什麼，他想跟誰在一起，都儘可能給出實現的空間，這就是所謂的「極」。所以先是進最好的醫院，看最好的醫師，還要跟最親愛的人道別，最後一刻是誰來引領走向另一個不可知的世界？是神父、是道士、是法師，因為他們才能夠引領他從人間往天國主懷或彼岸淨土，陰陽永隔親人走不過去，不能陪伴同行，因為親人還要留在人間此岸啊。能夠在生死間引渡的，一定要能代表上帝、佛祖與天道的人。

所以臨終關懷的「終」要與「極」同在同行。儒家倫理的「極」，當然是父母子女；所以親人都要回來，看最後一面，做最後的話別。但是就道家理念，道友似乎比親人還親，稱之為道親。所以道友可以對圍繞身邊的人說：「不可以這樣子！給我走開！」底下說：「無怛化！」不要驚擾那個正在轉化中的人！哇！這個話很好啊！所以我們現在才知道為什麼親人剛過世不要悲泣，更不要痛哭，因為他會轉不過去，會走不開。「化」是兩段生之間的過渡，莊子不說「死」，而說「化」，不是由年少長成青年、闖入中年，再轉化而為老年的「形化」，最後的「終」通過「極」來引領過渡，是兩段生之間的過渡。

形體是過客，心靈則是歸人

所以我說死亡就像是辦出入境手續，我希望莊子的生死觀是一如我給出的詮釋，不過我也不能說這是唯一的答案，我只是加入詮釋莊子的行列，試圖在他的經典，給出一個比較合理、比較深刻，又有時代感的意涵。因為我們的創意靈感，在退無可退的存在邊緣，會逼出「人死了，要到哪裡去」的問題，你要不要為離世的親人找到他可以去的另一個世界？我不是教徒，我只能夠在儒道兩家的經典裡面，在「生死兩茫茫」間找尋「生死兩安心」的可能出路。

我想這個「化」，是指涉兩段生之間的過渡，所以什麼是死亡？原來死並沒有「亡」嘛，死就是從「這一段生」到「另一段生」的過渡。就像你出了這個國境，而轉入了另一個國境一樣；所以人生是一段旅程，你到歐洲去，再回來；到印度去，再回來，就是這樣的一段又一段的旅程。死既然只是兩段生之間的過渡，所以根本沒有死而亡這回事。

老莊就是通過「化」來取代「亡」，世俗民間都說是「死亡」，老子說：「死而不亡者壽。」莊子說：沒有亡，只有化，只是轉化而已。我一直在想，什麼叫「死而不亡」？死亡死亡，死怎麼可能不亡？原來莊子把「死」看成「化」，所以把那個「亡」化掉了，這就是由兩茫茫而轉為兩安心的「生死智慧」。

既然「形化」是此身生、老、死的變化，而死又只是兩段生之間的過渡，這樣我們才能夠解釋什麼叫「旦宅」；所以人沒有永久的形體，沒有永遠的住家，從這個意義來說，我們真的是人間的過客。而我們的心靈呢？是自家的歸人，原來歸人在此。你不是過客，而是歸人；不然的話，從大陸到台灣，從台灣到洛杉磯，你只是天涯的過客。但是我們是要做歸人啊，你要有家可歸啊；所以我們的歸人在哪裡？在心靈這裡！〈大宗師〉裡面有很多這樣的話頭，生死做這樣的解釋，死亡還會是傷痛嗎？

死亡是回家，道友重於親情

既然講了旅程、講了過渡，那我們總要講回家啊，所以最後就是回家了。〈齊物論〉說：「予惡乎知悅生之非惑耶？予惡乎知惡死之非弱喪而不知歸者耶？」我怎麼知道我們那麼喜歡生不是一種迷惑呢？我又怎麼知道我們那麼厭惡死亡，不是像一個迷途在外的孩童找不到回家的路呢？他用了兩個問句來說，但是他沒有給答案；因為莊子在理性上不容許斷言「死亡等於回家」，所以他只問你：你焉知不是這樣子？人生是一段旅程，總是要回家的；我們不是過客，而是歸人，現在我們不是從心靈上講，死是人的精神生命回到大自然的老家嗎？莊子妻死，他鼓盆而歌（〈至樂篇〉），惠施就罵他說：「你這樣不是很過分嗎？人家總是跟你生兒育女，你不痛哭，不傷痛也就算了，怎麼可以鼓盆而歌呢？」莊子的回答是：人死了以後，就是

「相與為春秋冬夏四時行也」，這是很達觀的話，但是他不是通過望遠鏡、顯微鏡看出來的，是用體貼、用貼心、用他的智慧，去找到一個他覺得自己可以接受的答案。

人生到最後，我們要不要為每一個人找到一個「死後到哪裡去」的終極之家呢？佛陀、基督就是為每一個人找到終極的歸鄉啊，孔子的代代相傳、生生不息、老子的「死而不亡者壽」與「不失其所者久」的道根德本之所，就是為每一個人找到解答啊！所以莊子認為是：「相與為春秋冬夏四時行也，人且偃然寢於巨室，而我噭噭然隨而哭之，自以為不通乎命，故止也。」他好像跟著春夏秋冬的四季同行，他正在寬廣的大自然天地中安然睡去，而我卻在人間的暫居之所呼天搶地的大哭，那等同說我對「命」的感受沒有大徹大悟，所以我就停止不哭了。其實他隱藏其間的意思是說，本來我也傷感，也哭的，最後我覺得自己「不通乎命」，「命」是「死生命也」的命，我認命，「故止也」。既不哭了，就可以自在告別了。告別追思不一定要哀悼，也可以像歡送會的姿態出現。

莊子〈大宗師〉給了我們重大的生命訊息，就是人間最親的人當然是親人，而道家最親的是與「道」同行的朋友。倘若生離死別是無所逃的，親人只好認了；那我們為什麼還要去交朋友、還要去愛親人呢？愛不是痛嗎？最愛不是最痛嗎？他最後總是會離開我們，總會生離死別的，那不是形成生命永恆的遺憾，與永恆的創傷嗎？所以朋友之道，唯一的條件，不是「君子以文會友，以友輔仁」，那是儒家的義理；在道家來說，交友只有一個條件，要看破生死！哪一個人離開，都沒有遺憾，沒有哀傷。

你看〈大宗師〉是這樣寫的：「誰能夠把生死看破，我就跟他做朋友」，在這一信條的詮解下，大家「相視而笑，莫逆於心」；哪一個人死了，其他人就開始編曲、唱歌、送別。因為生死是大關，生離死別是無可避免的，所以人間交友之道，就是看破生死，不然你愛人不是害人嗎？讓他走不開，讓他一生傷痛嗎？且道友間以道為依歸，生死只是出入來去的過程，真君總是與道同在同行，因而是不生不死的永恆常在。

《走出莊子的逍遙路》，在此將莊子最具代表性也最顯精采的段落，一一引據並做出分解析論。對於幾十年來用心解讀莊子的生命理念與其應世智慧，已有全面性與系統性的說解。

走出莊子的逍遙路

作者：王邦雄
主編：曾淑正
封面設計：萬勝安
企劃：葉玫玉

發行人：王榮文
出版發行：遠流出版事業股份有限公司
地址：台北市中山北路一段11號13樓
劃撥帳號：0189456-1
電話：（02）25710297
傳真：（02）25710197

著作權顧問：蕭雄淋律師
二〇二三年六月一日　初版一刷
售價：新台幣四二〇元

ISBN 978-626-361-084-2（平裝）

遠流博識網 http://www.ylib.com
E-mail: ylib@ylib.com

國家圖書館出版品預行編目（CIP）資料

走出莊子的逍遙路 / 王邦雄著 . -- 初版 . -- 臺北市：
遠流出版事業股份有限公司 , 2023.06
面；　公分
ISBN 978-626-361-084-2（平裝）

1. CST:（周）莊周　2. CST: 莊子　3. CST: 老莊哲學

121.33　　112004677